BIBLIOTHÈQUE DES DAMES

(SOUVENIRS) 2

DE

(MME DE CAYLUS) 1

IOVAVST

PARIS
LIBRAIRIE DES BIBLIOPHILES
Rue Saint-Honoré, 338

M DCCC LXXVIII

BIBLIOTHÈQUE DES DAMES

VII

SOUVENIRS

DE

MME DE CAYLUS

TIRAGE A PETIT NOMBRE.

Il a été tiré en outre vingt exemplaires sur papier de Chine (nos 1 à 20) et vingt sur papier Whatman (nos 21 à 40), accompagnés d'une *triple épreuve* du frontispice.

SOUVENIRS
de
Mme DE CAYLUS

Jouaust, Ed   Imp. A. Salmon.

SOUVENIRS

DE

MME DE CAYLUS

RÉIMPRIMÉS SUR L'ÉDITION ORIGINALE

AVEC

LA PRÉFACE ET LES NOTES DE VOLTAIRE

ET UNE

NOTICE PAR JULES SOURY

OCCVLTA PORTVM

IOV AVST

PARIS

LIBRAIRIE DES BIBLIOPHILES

Rue Saint-Honoré, 338

M DCCC LXXXIII

NOTE DE L'ÉDITEUR

LES *Souvenirs de Mme de Caylus*, l'un des plus
gracieux chefs-d'œuvre qui soient jamais
tombés d'une plume féminine, ne pouvaient
manquer de venir prendre place dans notre
Bibliothèque des Dames. Si de véritables mémoires ont fait ensuite la lumière sur les grands événements
du siècle de Louis XIV, ces charmants souvenirs « d'une des
personnes les plus aimables par sa beauté et son esprit », suivant les expressions de Voltaire, n'y ont rien perdu de leur
mérite. Racontant simplement, et sans le souci de lecteurs
futurs, des faits en apparence de peu d'importance, ils
nous associent plus intimement aux mœurs et aux idées de
l'époque à laquelle a vécu leur auteur.

Il n'y a malheureusement pas de texte authentique des
Souvenirs de Mme de Caylus. Elle était sur le lit d'où elle
ne devait plus se relever lorsqu'elle les dicta à son fils, qui
les garda toujours discrètement. Il mourut sans les avoir
jamais montrés qu'à quelques intimes privilégiés, et ce ne
fut que par une indiscrétion dont on a voulu d'abord
rendre Diderot le complice qu'ils arrivèrent à la connaissance du public. Mais il paraît aujourd'hui certain que c'est
tout d'abord entre les mains de Voltaire que tomba le manuscrit des *Souvenirs*, puisque c'est à lui qu'on attribue
aujourd'hui sans conteste la première édition qui en a été
publiée, à Amsterdam, en 1770. D'ailleurs, à défaut d'autres
renseignements, la préface et les notes de cette édition suf-
firaient à en révéler l'auteur.

Madame de Caylus.   a

C'est le texte de cette édition, bien qu'elle soit outrageusement fautive, que nous avons cru devoir adopter, mais en nous octroyant, toujours avec la plus grande réserve, la faculté d'en relever les incorrections à l'aide des autres éditions. Nous avons tenu aussi à conserver la préface et les notes de Voltaire.

Les *Souvenirs* de Mᵐᵉ de Caylus ont eu les honneurs de plusieurs réimpressions, et nous croyons bien que la nôtre est la onzième. Aussi ne nous a-t-il pas paru utile de la faire précéder d'une nouvelle notice; nous avons préféré reproduire ici quelques pages que M. Jules Soury a consacrées à Mᵐᵉ de Caylus dans ses *Portraits de femmes* (Paris, Fischbacher, 1875). Ce morceau de choix, écrit avec une exquise délicatesse, est plus une impression ressentie des *Souvenirs* qu'une analyse de l'œuvre et une biographie de son auteur, et nous avons la conviction qu'il trouvera le meilleur accueil auprès du public spécial à qui nous nous adressons. Quant aux personnes qui désireraient des détails plus circonstanciés, nous les enverrons aux excellentes préfaces que M. de Lescure et M. Raunié ont placées en tête de leurs éditions des *Souvenirs*.

Nous croyons devoir aussi, en terminant, emprunter les lignes suivantes aux pages que Mᵐᵉ de Caylus a inspirées à Sainte-Beuve, ce maître suprême et ce grand voyant de la critique moderne.

« Ce petit livre des *Souvenirs*, dit-il dans ses *Causeries*, ne semble rien aujourd'hui, parce que toutes ces anecdotes ont passé depuis dans la circulation et qu'on les sait par cœur sans se rappeler de qui on les tient; mais c'est Mᵐᵉ de Caylus qui les a si bien racontées la première. Ce petit livre est du genre des *Mémoires* de la reine Marguerite, et des quelques pages historiques de Mᵐᵉ de La Fayette : c'est l'*œuvre d'une après-dînée*. Il ne s'y voit aucun effort : *elle n'a pas tâché*, disait-on de Mᵐᵉ de Caylus. Sa plume court avec abandon, avec négligence; mais ces négligences sont celles mêmes qui font la facilité et le charme de la conversation. Ne lui demandez qu'une suite de portraits et d'esquisses, elle y excelle. Cette plume légère touche tout à

point ; elle prend dans chaque personne le trait dominant
et saisit ce qu'il faut faire voir en chacun.....

« Ce qui distingue au premier aspect tous ces portraits
de Mme de Caylus, c'est la finesse ; la vigueur et la fermeté
qui y sont souvent au fond n'y paraissent que voilées. Mais
il est des moments où le mot vrai se fait jour et où l'ex-
pression vive éclate. L'*impudence* de Mme de Montespan
qui s'enhardit à ses grossesses successives, la bassesse des
Condé qui ambitionnent de s'allier au roi par toutes ses
branches bâtardes, tous ces traits sont touchés hardiment et
comme il sied à la petite-fille de d'Aubigné. Le roi, ayant
marié le duc du Maine, fait d'abord à ce prince des représentations sur sa femme qui le ruine ; mais, voyant que ces
représentations ne servent qu'à faire souffrir intérieurement
un fils qu'il aime, il prend le parti du silence, et le *laisse
croupir* dans son aveuglement et sa faiblesse. Il n'y a rien
d'efféminé dans ces tons-là. On sent, à lire ces femmes si
polies, que Molière non moins que Racine a assisté de son
génie à leur berceau, et que Saint-Simon n'est pas loin.....

« Les esprits pénétrants et vrais sont bien embarrassés de
leur rôle en ce monde : s'ils disent ce qu'ils voient et ce
qui est, ils courent risque de passer pour méchants. Mme de
Caylus n'était qu'un peintre vrai, et qui ne pouvait s'empêcher, même en courant, de saisir les objets au vif. »

Et, plus loin, Sainte-Beuve conclut en disant :

« Elle est comme la dernière fleur qu'ait produite l'époque finissante de Louis XIV, et elle ne s'est ressentie en
rien de l'âge suivant. Venue après les La Fayette, les
Sévigné et les Maintenon, remarquée ou cultivée par elles
et les admirant, elle sut ne leur ressembler que pour se dé-
tacher à son tour, et elle brille de loin à leur suite, la
plus jeune et la plus riante, avec son éclat distinct et sa délicatesse sans pâleur. »

                                                    D. J.

LA MARQUISE DE CAYLUS
ET SES SOUVENIRS

E livre eût ravi un Athénien du siècle de
Périclès. On ne rencontre que dans les
Dialogues de Platon une telle légèreté de
causerie, un atticisme aussi raffiné, tant
d'ironie et de gracieux enjouement. Les SOUVENIRS
de Mme de Caylus sont moins un livre qu'une causerie ailée, saisie au vol et fixée par l'écriture. On se
dit : « Voilà comme on causait au grand siècle, à la
cour et à la ville, dans les salons. où fréquentaient
Mme de La Fayette, Mme de Sévigné, Mme de Montespan, Mme de Maintenon. » On prend dans ce commerce quelque teinture d'urbanité ; on se fait une idée
telle quelle de ce qu'était la politesse française.

Au XVIIIe siècle il est déjà trop tard pour cette
délicate expérience : le monde est mêlé, à Versailles

même, où de petites bourgeoises comme la Pompadour
et la d'Estrades, sans parler de la Du Barry, igno-
rantes et de peu d'esprit, font rougir les gens de la
vieille cour par leur parler commun ; les belles manières paraissent une singularité ; les mœurs de
Vienne et les modes d'Angleterre envahissent jusqu'à
la famille royale ; les courses de chevaux, les exer-
cices du sport, les paris bruyants sur le turf, passion-
nent le comte d'Artois et amusent Marie-Antoinette.

Les fêtes de l'esprit veulent des temps plus paisibles,
une société plus choisie, des mœurs moins indiscrètes
et de plus doux loisirs. Aujourd'hui, j'en ai peur,
ces SOUVENIRS sembleront un peu fades et monotones.
S'il faut le dire, ils ont charmé Voltaire et Sainte-
Beuve ; mais que les temps sont changés ! On doit
prendre ces SOUVENIRS comme on fait un sachet, une
boîte, un éventail de quelque grande dame inconnue ;
tout en feuilletant le livre ou en déployant l'éventail,
on rêve à autre chose, et, quand on quitte ces reli-
ques d'amour, on emporte avec soi, ainsi qu'un léger
souvenir, un parfum rare et précieux. On ne trouvera
rien en ce livre que le naturel, la grâce fine et charmante d'un esprit délicat. Peu ou point de révélations
très piquantes sur la cour de Louis XIV qu'on ne
connaisse déjà par les correspondances et les chroni-
ques du temps. L'auteur même nous échappe, se dé-
robe en souriant, par une malice suprême.
Quand on songe que cette créature enjouée et

mondaine, de mœurs faciles, d'amours légères, était
arrière-petite-fille de Théodore-Agrippa d'Aubigné,
on admire les jeux de la nature. Elle-même fut élevée
dans la religion réformée. Sa tante (à la mode de
Bretagne), Mᵐᵉ de Maintenon, l'enleva tout enfant
et la convertit. « Je pleurai d'abord beaucoup, avoue
Mᵐᵉ de Caylus ; mais je trouvai la messe du roi si belle
que je consentis à me faire catholique, à condition
que je l'entendrais tous les jours et qu'on me garantirait du fouet. C'est là toute la controverse qu'on
employa, et la seule abjuration que je fis. » שוב יוד

Voilà le ton exquis et simple, mais toujours relevé
d'une pointe d'ironie ou de moquerie.

Mᵐᵉ de Maintenon est tout entière, on le sait,
dans ces SOUVENIRS, au moins pour qui comprend à
demi-mot. La nièce n'a eu garde, sans doute, d'oublier
ce qu'elle doit à sa vertueuse tante ; elle éprouve plus
que du respect pour la femme supérieure qui forma,
sinon son cœur, du moins son esprit. Elle est femme
cependant, elle aussi, et femme d'esprit ; on peut donc
être assuré qu'elle ne résistera point au plaisir de
laisser entendre tout ce qu'elle n'osera dire sur le chapitre de Mᵐᵉ de Maintenon. La sincérité de ses sen-
timents à cet égard ondoie et fuit en mille nuances.
Aussi bien elle ne respectait rien : elle s'était mo-
quée du grand roi. Louis XIV ne le lui pardonna
jamais, la détesta comme on peut croire. Elle excel-
lait dans la satire et faisait des portraits, malicieux

ou terribles, des femmes de la cour. Voici celui de Mme de Montchevreuil, une ennemie :

« *Mme de Maintenon plaça encore dans la maison de madame la Dauphine Mme de Montchevreuil, femme de mérite, si l'on borne l'idée du mérite à n'avoir point de galanteries. C'était d'ailleurs une femme froide et sèche dans le commerce, d'une figure triste, d'un esprit au-dessous du médiocre, et d'un zèle capable de dégoûter les plus dévots de la piété, mais attachée à Mme de Maintenon, à qui il convenait de produire à la cour une ancienne amie d'une réputation sans reproche, avec laquelle elle avait vécu dans tous les temps, sûre et secrète jusqu'au mystère...* »

Ces portraits étaient d'ailleurs dans les mœurs, et les gens du bel air qui se piquaient d'esprit cultivaient avec amour cet exercice littéraire. Les princesses, les plus grandes dames, n'avaient guère de passe-temps plus doux, surtout quand le roi et les seigneurs étaient dans les camps. Deux filles de Louis XIV, deux sœurs, pour ne se point dire trop crûment ce qu'elles pensaient l'une de l'autre, empruntaient volontiers à l'histoire ancienne des allégories tout à fait galantes.

« *Le Roi alla lui-même faire le siège de Mons, en 1691. Les princesses demeurèrent à Versailles, et Mme de Maintenon à Saint-Cyr, dans une si grande solitude qu'elle ne voulait pas même que j'y allasse. Je demeurai à Versailles avec les princesses ; et,*

comme il n'y avait point d'hommes, nous y étions
dans une grande liberté. Madame la princesse de
Conti et madame la Duchesse avaient chacune leurs
amies différentes ; et, comme elles ne s'aimaient pas,
leurs cours étaient fort séparées. C'est là que madame
la Duchesse fit voir cette humeur heureuse et aimable,
par laquelle elle contribuait elle-même à son amusement et à celui des autres. Elle imagina de faire un
roman et de transporter les caractères et les mœurs du
temps présent sous les noms de la cour d'Auguste.
Celui de Julie avait par lui-même assez de rapport
avec madame la princesse de Conti, à ne la prendre
que suivant les idées qu'Ovide en donne, et non pas
dans la débauche rapportée par les historiens ; mais
il est aisé de comprendre que ce canevas n'était pas
mal choisi, et avec assez de malignité. Nous ne laissions pas d'y avoir toutes nos épisodes, mais en beau,
au moins pour celles qui étaient de la cour de madame la Duchesse. Cet ouvrage ne fut qu'ébauché, et
nous amusa ; et c'était tout ce que nous en voulions [1]. »

Mme de Caylus, qui jamais ne dit mot de son
mari, se fit exiler de la cour pour ses galanteries
avec le duc de Villeroy, elle qui, sur le théâtre de
Saint-Cyr, avait soupiré les beaux vers d'ESTHER et
d'ATHALIE! Comme tant d'autres, elle se jeta quelque

---

[1]. Voir page 133 de notre édition.

temps dans la dévotion, prit pour confesseur le Père de La Tour, général des Pères de l'Oratoire, pria, jeûna, ne sortit plus de Saint-Sulpice. Elle pensait faire son salut, quand le roi et Mme de Maintenon lui ouvrirent les yeux sur les dangers que courait son âme repentante : le Père de La Tour était janséniste. Prendre un autre directeur au gré de la cour fut nécessaire, car Mme de Caylus était pauvre, et sa pension de six mille livres devait être augmentée jusqu'à dix.

Mais la ferveur de cette gentille Madeleine ne fut bientôt plus qu'un touchant souvenir : elle quitta le sanctuaire pour le duc de Villeroy, « le meilleur choix qu'elle pût faire », au témoignage de Voltaire, parut comme autrefois dans la société, causa et soupa avec plus d'agréments et d'enjouement que jamais, et se divertit fort, en brillante compagnie, de toutes ses pratiques de dévotion.

Parfois, dans un petit cercle d'intimes, elle écoutait et redisait avec complaisance, bien que sans perverse intention, certaines histoires qui couraient alors sur Mme Scarron et M. de Villarceaux, parent de Mme de Montchevreuil : c'était au beau temps des amours, dans cette chaude saison de la vie qui passa si vite pour Mme de Maintenon, mais qu'elle avait du moins traversée, comme toute autre ; l'on se voyait chez Ninon, qui riait de l'infidèle et prêtait sa chambre jaune. Certes Mme de Caylus croyait *à la vertu de sa tante, mais elle n'en aurait point mis sa main au feu, plus avisée que ce M. de Lassay qui, pour s'être montré trop convaincu sur ce chapitre, s'attira cette repartie de madame sa femme : « Comment faites-vous, Monsieur, pour être si sûr de ces choses-là ? »*

JULES SOURY.

PRÉFACE

DE LA PREMIÈRE ÉDITION

DONNÉE EN 1770

(PAR VOLTAIRE)

ET ouvrage de madame de Caylus est un de ceux qui font le mieux connaître l'intérieur de la cour de Louis XIV. Plus le style en est simple et négligé, plus sa naïveté intéresse. On y retrouve le ton de sa conversation : elle n'a point *tâché*, comme disait M. le duc d'Antin. Elle était du nombre des femmes qui ont de l'esprit et du sentiment sans en affecter jamais. C'est grand dommage qu'elle ait eu si peu de souvenir, et qu'elle quitte le lecteur lorsqu'il s'attend qu'on lui parlera des dernières années de Louis XIV et de la Régence. Peut-être même l'esprit philosophique qui règne aujourd'hui ne sera pas trop content des petites aventures de cour qui sont l'objet de ces mémoires. On veut savoir quels ont été les sujets des guerres ; quelles ressources on avait pour les finances ; comment la marine dépérit après avoir été portée au plus haut point où on l'eût jamais vue chez aucune nation ; à quelles extrémités Louis XIV fut réduit ; comment il soutint ses malheurs ; et comment ils furent réparés ; dans quelle confusion son confesseur Le Tellier jeta la France, et quelle part madame de Maintenon put avoir à

ces troubles intestins, aussi tristes et aussi honteux que ceux
de la Fronde avaient été violens et ridicules. Mais, tous ces
objets ayant été presque épuisés dans l'histoire du siècle de
Louis XIV, on peut voir avec plaisir de petits détails qui
font connaître plusieurs personnages dont on se souvient
encore.

Ces particularités mêmes servent, dans plus d'une occasion, à jeter de la lumière sur les grands événemens.

D'ordinaire les petits détails des cours, si chers aux con-
temporains, périssent avec la génération qui s'en est occupée;
mais il y a des époques et des cours dont tout est longtemps
précieux. Le siècle d'Auguste fut de ce genre. Louis XIV eut
des jours aussi brillans, quoique sur un théâtre beaucoup
moins vaste et moins élevé. Louis XIV ne commandait qu'à
une province de l'empire d'Auguste; mais la France acquit
sous ce règne tant de réputation par les armes, par les lois,
par de grands établissemens en tout genre, par les beaux-
arts, par les plaisirs même, que cet éclat se répand jusque
sur les plus légères anecdotes d'une cour qui était regardée
comme le modèle de toutes les cours, et dont la mémoire
est toujours précieuse.

Tout ce que raconte madame la marquise de Caylus est
vrai; on voit une femme qui parle toujours avec candeur.
Ses *Souvenirs* serviront surtout à faire oublier cette foule de
misérables écrits sur la cour de Louis XIV, dont l'Europe a
été inondée par des auteurs faméliques qui n'avaient jamais
connu ni cette cour ni Paris.

Madame de Caylus, nièce de madame de Maintenon,
parle de ce qu'elle a entendu dire et de ce qu'elle a vu,
avec une vérité qui doit détruire à jamais toutes ces impos-
tures imprimées, et surtout les prétendus *Mémoires de madame de Maintenon*, compilés par l'ignorance la plus gros-
sière et par la fatuité la plus révoltante, écrits d'ailleurs de
ce mauvais style des mauvais romans qui ne sont faits que
pour les antichambres.

Que penser d'un homme qui insulte au hasard les plus
grandes familles du royaume, en confondant perpétuellement
les noms, les événemens? qui vous dit d'un ton assuré que

M. de Maisons, premier président du parlement, avec plusieurs conseillers, n'attendait qu'un mot du duc du Maine pour se déclarer contre la régence du duc d'Orléans, tandis que M. de Maisons, qui ne fut jamais premier président, avait arrangé lui-même tout le plan de la régence;

Qui prétend que la princesse des Ursins, à l'âge de soixante et un ans, avait inspiré à Philippe V, roi d'Espagne, une violente passion pour elle;

Qui ose avancer que *les articles secrets du traité de Rastadt excluaient Philippe V du trône,* comme s'il y avait eu des articles secrets à Rastadt;

Qui a l'impudence d'affirmer que Monseigneur, fils de Louis XIV, *épousa mademoiselle Chouin,* et rappelle sur cette fausseté tous les contes absurdes imprimés chez les libraires de Hollande;

Qui, pour donner du crédit à ces contes, cite l'exemple d'Auguste, lequel, selon lui, était amoureux de Cléopâtre? C'est bien savoir l'histoire!

Voilà par quels gredins la plupart de nos histoires secrètes modernes ont été composées. Quand madame de Caylus n'aurait servi par ses mémoires qu'à faire rentrer dans le néant les livres de ces misérables, elle aurait rendu un très-grand service aux honnêtes gens amateurs de la vérité.

SOUVENIRS

DE

MADAME DE CAYLUS

E titre de *Mémoires*, quoique de toutes les façons d'écrire la plus simple et la plus libre, m'a cependant paru encore trop sérieux pour ce que j'ai à dire et pour la manière dont je le dis. J'écris des *Souvenirs* sans ordre, sans exactitude, et sans autre prétention que celle d'amuser mes amis, ou du moins de leur donner une preuve de ma complaisance. Ils ont cru que je savais des choses particulières d'une cour que j'ai vue de près, et ils m'ont priée de les mettre par écrit. Je leur obéis; sûre de leur fidélité et de leur amitié, je ne puis craindre leur imprudence, et je m'expose volontiers à leur critique.

Je commencerai ces *Souvenirs* par madame de Maintenon, dont l'esprit, le mérite et les bontés qu'elle eut pour moi ne s'effaceront jamais de ma mémoire. Mais ni la prévention que donne l'éducation, ni les mouvemens de ma reconnaissance, ne me feront rien dire de contraire à la vérité.

Madame de Maintenon était petite-fille de Théodore-Agrippa d'Aubigné, élevé auprès de Henri IV, dans la maison de Jeanne d'Albret, reine de Navarre, et connu surtout par ses écrits et son zèle pour la religion protestante, mais plus recommandable encore par sa sincérité, dont il parle lui-même dans un manuscrit que j'ai vu de sa main, et dans lequel il dit que sa rude probité le rendait peu propre auprès des grands.

Il eut l'honneur de suivre Henri IV dans toutes les guerres qu'il eut à soutenir, et se retira, après la conversion de ce prince, dans sa petite maison de Mursay, près de Niort en Poitou [1].

Le zèle d'Agrippa d'Aubigné pour la religion et son attachement pour son maître lui firent tenir un discours, après l'assassinat de Jean Châtel, qui lui

---

[1] Il en fait la description dans le *Baron de Fæneste*, et c'est de lui-même dont il parle sous le nom d'Énée.

fit beaucoup d'honneur dans le parti des huguenots.
« Vous n'avez, dit-il à Henri IV, renié Jésus-Christ
que de bouche, vous avez été blessé à la bouche ;
mais, si vous le renoncez de cœur, vous serez
blessé au cœur. »

M. d'Aubigné s'occupa dans sa retraite à écrire
l'histoire universelle de son temps, et il donne,
dans la préface de ce livre, une louange à Henri IV
qui m'a toujours paru si propre à lui et si belle que
je ne puis m'empêcher de la rapporter ici. Il appelle
Henri IV le *conquérant du sien*, éloge qui renferme,
ce me semble, en deux mots, toute la justice de sa
cause et toute la gloire des autres conquérans.

Théodore-Agrippa d'Aubigné, dont je parle,
épousa Suzanne de Lezay, de la maison de Lusi-
gnan. Il eut de ce mariage un fils et deux filles :
l'aînée épousa M. de Caumon-Dadde, et l'autre
M. de Villette, mon grand-père. Le fils fut malheureux, et mérita ses malheurs par sa conduite[1].
Il épousa, étant prisonnier dans le Château-Trom-
pette de Bordeaux, Jeanne de Cardillac, fille de
Pierre de Cardillac, lieutenant de M. le duc d'Éper-
non et gouverneur, sous ses ordres, de cette place.
Sa femme ne l'abandonna jamais dans ses malheurs,
et accoucha, dans la conciergerie de Niort, de

---

1. Il fut accusé d'avoir fait de la fausse monnaie. (*Note
de madame de Caylus.*)

Françoise d'Aubigné, depuis madame Scarron, et ensuite madame de Maintenon.

Je me souviens d'avoir entendu raconter que, madame d'Aubigné étant venue à Paris demander au cardinal de Richelieu la grâce de son mari, ce ministre avait dit en la quittant : « Elle serait bien heureuse si je lui refusais ce qu'elle me demande. » Il est aisé de croire qu'un tel homme n'avait pas beaucoup de religion; mais il est rare qu'il en parlât à sa fille et à un enfant : car j'ai ouï dire à madame de Maintenon que, la tenant entre ses bras, il lui disait : « Est-il possible que vous, qui avez de l'esprit, puissiez croire tout ce qu'on vous apprend dans votre catéchisme? »

Les mauvaises affaires que M. d'Aubigné s'était faites l'obligèrent à la fin de prendre un établissement en Amérique. Il y mena sa famille, qui consistait en une femme, deux garçons, et cette petite fille, qui n'avait, je crois, que dix-huit mois, et qui fut si malade dans le trajet qu'on fut prêt à la jeter à la mer, la croyant morte.

M. d'Aubigné[1] mourut à la Martinique, à son second voyage, car je crois avoir entendu dire qu'il en avait fait deux. Quoi qu'il en soit, madame d'Aubigné revint veuve en France avec ses enfans:

---

1. Il mourut au retour de son second voyage de la Martinique, dans un voyage qu'il fit à Orange.

elle trouva leurs biens vendus et dissipés par les créanciers de leur père et par l'injustice de quelques-uns de ses parens. Ma grand'mère, sœur de leur père et femme de mérite, prit soin de cette famille malheureuse, et surtout de la petite fille, qu'elle demanda à madame sa mère, et qu'elle élevait comme ses propres enfans; mais, mon grand-père et ma grand'mère étant huguenots, madame de Neuillan, mère de la maréchale de Navailles et parente de M. d'Aubigné, demanda à la Reine mère un ordre pour retirer cette enfant de leurs mains.

Madame de Neuillan voulut faire par là sa cour à la Reine; mais son avarice la fit bientôt repentir de s'être chargée d'une demoiselle sans bien, et elle chercha à s'en défaire à quelque prix que ce fût. C'est dans ce dessein qu'elle l'amena à Paris, et qu'elle la mit dans un couvent, où elle se fit catholique, après une longue résistance pour sa jeunesse : car je crois qu'elle n'avait pas encore quatorze ans faits.

Je me souviens, à propos de cette conversion, d'avoir entendu dire à madame de Maintenon qu'étant convaincue sur les articles principaux de la religion, elle résistait encore, et ne voulait se convertir qu'à condition qu'on ne l'obligeât pas de croire que sa tante qui était morte, et qu'elle avait vue vivre dans sa religion comme une sainte, fût damnée.

Après que madame de Neuillan eut fait mademoiselle d'Aubigné catholique, elle la maria au premier qui se présenta ; et ce fut M. Scarron, trop connu par ses ouvrages pour que j'aie rien de nouveau à dire de lui.

Voilà donc Françoise d'Aubigné, à quatorze ans, dans la maison d'un homme de la figure et du caractère de M. Scarron, remplie de jeunes gens attirés par la liberté qui régnait chez lui. C'est là cependant que cette jeune personne imprima, par ses manières honnêtes et modestes, tant de respect qu'aucuns n'osèrent jamais prononcer devant elle une parole à double entente, et qu'un de ces jeunes gens dit : « S'il fallait prendre des libertés avec la Reine ou avec madame Scarron, je ne balancerais pas, j'en prendrais plutôt avec la Reine. » Elle passait ses carêmes à manger un hareng au bout de la table, et se retirait aussitôt dans sa chambre, parce qu'elle avait compris qu'une conduite moins exacte et moins austère, à l'âge où elle était, ferait que la licence de cette jeunesse n'aurait plus de frein et deviendrait préjudiciable à sa réputation. Ce n'est pas d'elle seule que je tiens ces particularités ; je les tiens de mon père, de M. le marquis de Beuvron, et de plusieurs autres qui vivaient dans la maison dans ce même temps.

Je me souviens d'avoir ouï raconter qu'étant un jour obligée d'aller parler à M. Fouquet, elle affecta d'y aller dans une si grande négligence que ses amis étaient honteux de l'y mener. Tout le monde sait ce qu'était alors M. Fouquet, son faible pour les femmes, et combien les plus haut huppées et les mieux chaussées cherchaient à lui plaire.

Cette conduite et la juste admiration qu'elle causa parvinrent jusqu'à la Reine. Le baron de La Garde lui en parla le premier, et fut cause qu'à la mort de M. Scarron cette princesse, touchée de la vertu et du malheur d'une fille de condition réduite à une aussi grande pauvreté, lui donna une pension de deux mille livres, avec laquelle madame Scarron se mit dans un couvent, et ce fut aux Hospitalières du faubourg Saint-Marceau. Avec cette modique pension on la vit toujours honnêtement et simplement vêtue. Ses habits n'étaient que d'étamine du Lude; du linge uni; mais bien chaussée et de beaux jupons; et sa pension avec celle de sa femme de chambre et ses gages suffisaient à sa dépense; elle avait même encore de l'argent de reste, et n'a jamais passé de temps si heureux : elle ne comprenait pas, disait-elle alors, qu'on pût appeler cette vie une vallée de larmes.

Le maréchal d'Albret, qu'elle avait connu chez M. Scarron, l'avait liée d'amitié avec sa femme; preuve certaine encore de la vertu qu'il avait reconnue dans madame Scarron : car les maris de ce temps-là, quelque galans qu'ils fussent, n'aimaient pas que leurs femmes en vissent d'autres dont la réputation eût été entamée.

Madame la maréchale d'Albret était une femme de mérite sans esprit ; mais madame de Maintenon, dont le bon sens ne s'égara jamais, crut, dans un âge aussi peu avancé, qu'il valait mieux s'ennuyer avec de telles femmes que de se divertir avec d'autres. La maréchale d'Albret la prit en si grande amitié qu'elle fit son possible pour l'engager à venir demeurer chez elle, ce qu'elle refusa ; mais elle y allait souvent dîner, et on l'y retenait quelquefois à coucher.

Madame Scarron s'attirait cette amitié par une grande complaisance et par une attention continuelle à lui plaire, à laquelle la maréchale était peu accoutumée ; et j'ai ouï dire que, quand elles allaient à quelque spectacle, cette pauvre femme, qui n'entendait rien aux choses qu'on représentait, voulait toujours avoir auprès d'elle madame Scarron pour qu'elle lui expliquât ce qu'elle voyait elle-même devant ses yeux, et la détournait ainsi de l'attention qu'elle aurait voulu donner aux pièces les plus intéressantes et les plus nouvelles.

C'est cette même maréchale d'Albret qui fut accusée, malgré sa dévotion et son mérite, d'aimer un peu trop le vin, ce qui paraissait d'autant plus extraordinaire en ce temps-là que les femmes n'en buvaient presque jamais, ou du moins ce n'était

que de l'eau rougie. Je me souviens, à propos de
la maréchale et de son goût pour le vin, d'avoir
ouï raconter que, se regardant au miroir et se trouvant le nez rouge, elle se dit à elle-même : « Mais
où est-ce que j'ai pris ce nez-là? » et que M. de
Matha de Bourdeille, qui était derrière elle, répondit entre bas et haut : « Au buffet. »

Ce même Matha était un garçon d'esprit infiniment naturel, et par là de la meilleure compagnie
du monde. Ce fut lui qui, voyant la maréchale
d'Albret dans une grande affliction sur la mort ou
de son père ou de son frère, et qui, dans sa douleur, ne voulait point prendre de nourriture, lui
dit : « Avez-vous résolu, Madame, de ne manger
de votre vie? S'il en est ainsi, vous avez raison ;
mais si vous avez à manger un jour, croyez-moi, il
vaut autant manger tout à l'heure. » Ce discours
la persuada ; elle se fit apporter un gigot de mou-
ton. C'est lui encore à qui l'on demanda comment
il pouvait faire pour être si légèrement vêtu en
hiver, à quoi il répondit : « Je gèle le froid. »

Le maréchal d'Albret avait deux parentes qui
demeuraient avec madame sa femme, mademoiselle de Pons et mademoiselle Martel, toutes
deux aimables, mais de caractère différent. Ces
deux filles ne s'aimaient pas, et ne s'accordaient
guère que sur le goût qu'elles avaient l'une et
l'autre pour madame de Maintenon.

Madame de Montespan, parente aussi du maréchal d'Albret, se joignait à cette société, et c'est
là qu'elle connut madame de Maintenon. Elles
se plurent mutuellement, et se trouvèrent l'une
et l'autre autant d'esprit qu'elles en avaient en
effet.

Madame de Maintenon avait encore l'hôtel de
Richelieu, où elle allait souvent, également dési-
rée partout ; mais je parlerai ailleurs de M. de Richelieu.

C'est sans doute à peu près dans le même temps
qu'une des princesses de Nemours devint reine de
Portugal. Les amis de madame de Maintenon lui
parlèrent si avantageusement d'elle qu'elle eut
envie de l'emmener, et le lui fit proposer. Cette
occasion paraissait favorable pour l'état de sa fortune ; mais il était triste de quitter son pays et de
renoncer à une vie pleine d'agrément. Elle fut
quelque temps en balance, et bien affligée pendant
la durée du combat que les raisons pour et contre
excitaient en elle ; mais enfin son étoile l'emporta,
elle refusa les offres de cette reine.

Je me souviens d'avoir ouï raconter encore que
madame la princesse des Ursins, alors madame de
Chalais, faisait de fréquentes visites à l'hôtel d'Albret. Je lui ai entendu dire depuis à elle-même,
parlant à madame de Maintenon, qu'elle souffrait
impatiemment que le maréchal d'Albret et les au-

tres seigneurs importans eussent toujours des secrets à lui dire, pendant qu'on la laissait avec la
jeunesse, comme si elle eût été incapable de parler
sérieusement. Madame de Maintenon avouait avec
la même sincérité qu'elle ne s'ennuyait pas moins
de ces confidences que madame des Ursins enviait,
et qu'elle aurait souvent voulu qu'on l'eût crue
moins solide, pour la laisser se divertir, et ne la
pas contraindre à écouter les fréquens murmures
et les projets des courtisans. Cet échantillon marque, ce me semble, la différence du caractère de
ces deux femmes, qui depuis ont joué de si grands
rôles : car il faut avouer que madame de Maintenon
n'était pas née pour les affaires : elle craignait les
intrigues par la droiture de son cœur, et elle était
faite pour les délices de la société par l'agrément
de son esprit. Mais, avant de raconter les suites
qu'eurent les commencemens de connaissance
entre madame de Maintenon et madame de Montespan, je dirai un mot de ma famille et de ce qui
me regarde en particulier.

La paix étant faite[1], le Roi, tranquille et glorieux, crut qu'il ne manquait à sa gloire que l'ex-
tirpation d'une hérésie qui avait fait tant de ravages
dans le royaume. Ce projet était grand et beau, et
même politique, si on le considère indépendam-

---

[1]. La paix de Nimègue.

ment des moyens qu'on a pris pour l'exécuter. Les ministres et plusieurs évêques, pour faire leur cour, ont eu beaucoup de part à ces moyens, non-seulement en déterminant le Roi à prendre de ceux qui n'étaient pas de son goût, mais en le trompant dans l'exécution de ceux qui avaient été résolus.

Mais il est bon de dire, pour rendre ma pensée plus claire, que M. de Louvois eut peur, voyant la paix faite, de laisser trop d'avantage sur lui aux autres ministres, et surtout à M. Colbert et à M. de Seignelay son fils, et qu'il voulut, à quelque prix que ce fût, mêler du militaire dans un projet qui ne devait être fondé que sur la charité et la douceur. Des évêques, gagnés par lui, abusèrent de ces paroles de l'Évangile : *Contraignez-les d'entrer*, et soutinrent qu'il fallait user de violence quand la douceur ne suffisait pas; puisque, après tout, si cette violence ne faisait pas de bons catholiques dans le temps présent, elle ferait au moins que les enfans des pères que l'on aurait ainsi forcés le deviendraient de bonne foi. D'un autre côté, M. de Louvois demanda au Roi la permission de faire passer dans les villes huguenotes des régimens de dragons, l'assurant que la seule vue de ses troupes, sans qu'elles fissent rien de plus que de se montrer, déterminerait les esprits à écouter plus volontiers la voix des pasteurs qu'on leur enverrait. Le Roi se rendit, contre ses propres lumières et

contre son inclination naturelle, qui le portait toujours à la douceur. On passa ses ordres, et on fit,
à son insu, des cruautés qu'il aurait punies si
elles étaient venues à sa connaissance : car M. de
Louvois se contentait de lui dire chaque jour :
« Tant de gens se sont convertis, comme je l'avais
dit à Votre Majesté, à la seule vue de ses troupes. »

Le Roi était naturellement si vrai qu'il n'imaginait pas, quand il avait donné sa confiance à quelqu'un, qu'il pût le tromper ; et les fautes qu'il a
faites n'ont souvent eu pour fondement que cette
opinion de probité pour des gens qui ne la méri-
taient pas.

Ces violences et la manière militaire dont on fit
les conversions dont je viens de parler ne furent
employées qu'après la cassation de l'édit de Nantes ;
mais, avant qu'on en vînt là, le Roi fit de son
mieux pour gagner, par ses bienfaits, les gens les
plus considérables d'entre les huguenots ; et il avait
déclaré qu'aucun ne serait admis dans les charges
et n'avancerait dans ses armées, soit de terre, soit
de mer, que les catholiques.

Madame de Maintenon voulut, à son exemple,
travailler à la conversion de sa propre famille ;
mais, comme elle ne crut pas pouvoir gagner mon
père par l'espérance d'une grande fortune, ni con-
vaincre son esprit par la force du raisonnement,
elle prit la résolution, de concert avec M.ᵐᵉ de Sei-

gnelay, de lui faire faire un voyage de long cours
sur mer, pour avoir du moins le loisir de disposer
de ses enfans. J'avais deux frères qui, quoique
fort jeunes, avaient fait plusieurs campagnes.
L'aîné s'était trouvé, à huit ou neuf ans, à ce
combat fameux de Messine, où Ruyter fut tué, et
il y reçut une légère blessure. La singulaité du
fait et le courage que cet enfant avait témoigné le
firent nommer enseigne après le combat.

La campagne finie, mon père vint à la cour et y
amena mon frère. L'action qu'il avait vue et une
jolie figure qu'il avait en ce temps-là lui attirèrent
l'attention et les caresses de madame de Montespan
et de toute la cour. Si mon père avait voulu l'y
laisser et se faire catholique, ils s'en seraient l'un et
l'autre mieux trouvés pour leur fortune ; mais mon
père résista à toutes les offres qui lui furent faites,
et s'en retourna chez lui. Ainsi madame de Maintenon se trouva forcée, pour avoir la liberté de
disposer de mon frère, de faire faire à mon père
cette campagne dont je viens de parler, et de faire
servir son fils avec M. de Château-Renaud, lui laissant seulement le cadet, qui n'était pas entré moins
jeune dans la marine.

A peine mon père fut-il embarqué qu'une de ses
sœurs, que ma mère avait été voir à Niort, la pria
de me laisser chez elle jusqu'au lendemain. Ma mère
y consentit avec peine : car, quoiqu'elle fût catho-

lique, elle n'était nullement dans la confidence des desseins qu'on avait sur moi, parce qu'on la voulait ménager par rapport à mon père. A peine ma mère fut-elle partie de Niort que ma tante, accoutumée à changer de religion et qui venait de se convertir pour la seconde ou troisième fois, partit de son côté, et m'emmena à Paris. Nous trouvâmes sur la route M. de Saint-Hermine, une de ses sœurs, et mademoiselle de Caumont, aussi étonnés qu'affligés de me voir. Pour moi, contente d'aller, sans savoir où l'on me menait, je n'étais étonnée de rien ; mais, comme les autres étaient des personnes faites que madame de Maintenon avait demandées à leurs parens, il avait été décidé dans le conseil des huguenots qu'on ne pouvait les lui refuser, puisqu'elle ne demandait qu'à les voir et qu'elle promettait de ne les pas contraindre dans leur religion. On eut donc pour elle cette complaisance, d'autant plus volontiers qu'on n'avait rien à craindre de leur légèreté ; et, en effet, la résistance de ces jeunes personnes fut infiniment glorieuse au calvinisme.

Nous arrivâmes ensemble à Paris, où madame de Maintenon vint aussitôt me chercher et m'emmena seule à Saint-Germain. Je pleurai d'abord beaucoup ; mais je trouvai le lendemain la messe du Roi si belle que je consentis à me faire catholique, à condition que je l'entendrais tous les jours, et qu'on me garantirait du fouet. C'est là toute la controverse qu'on employa, et la seule abjuration que je fis.

M. de Château-Renaud eut ordre d'envoyer mon frère à la cour. Il y arriva presque aussi tôt que moi, et fit une plus longue résistance ; mais enfin il se rendit : on le mit à l'Académie, et il quitta la marine. Mon père, surpris et affligé au retour de sa campagne, écrivit à madame de Maintenon des lettres pleines d'amertume et de reproches, et l'accusa d'ingratitude à l'égard de sa mère, tante de madame de Maintenon, d'injustice et de dureté par rapport à lui ; mais, comme elle était soutenue de l'autorité du Roi, il fallut céder à la force. On promit seulement à mon père de ne pas contraindre ses enfans, s'ils ne voulaient pas se faire catholiques.

Ils se convertirent l'un et l'autre ; et, après leur académie et le temps qu'ils devaient être aux mousquetaires, on donna à l'aîné une charge de cornette des chevau-légers, qu'il vendit quand la guerre recommença, pour acheter le régiment de Dauphin-cavalerie, et au cadet le régiment de la Reine-dragons, à la tête duquel il fut tué au combat de Steinkerque.

Pour moi, on m'élevait avec un soin dont on ne saurait trop louer madame de Maintenon. Il ne se passait rien à la cour sur quoi elle ne me fît faire

des réflexions selon la portée de mon esprit, m'ap-
prouvant quand je pensais bien, me redressant
quand je pensais mal. Ma journée était remplie
par des maîtres, la lecture et des amusemens honnêtes et réglés; on cultivait ma mémoire par des
vers qu'on me faisait apprendre par cœur; et la
nécessité de rendre compte de ma lecture ou d'un
sermon, si j'en avais entendu, me forçait à y donner de l'attention. Il fallait encore que j'écrivisse
tous les jours une lettre à quelqu'un de ma famille, ou à tel autre que je voulais choisir, et que
je la portasse les soirs à madame de Maintenon,
qui l'approuvait ou la corrigeait, selon qu'elle
était bien ou mal; en un mot, elle n'oubliait rien
de ce qui pouvait former ma raison et cultiver mon
esprit.

Si je suis entrée dans ce détail, ce n'est pas pour
en tirer une vaine gloire, mais pour marquer par
des faits, bien au-dessus des louanges, la conduite
et le caractère de madame de Maintenon; et il est
impossible, ce me semble, de faire réflexion au
poste qu'elle occupait et au peu de loisir qu'elle
avait, sans admirer l'attention qu'elle donnait à un
enfant dont, après tout, elle n'était chargée que
parce qu'elle l'avait bien voulu.

Mon père, après avoir résisté non-seulement aux
bontés, mais aux promesses du Roi, et avoir compté
pour rien de n'être pas fait chef d'escadre à son

ıang ; après avoir résisté à l'éloquence de M. de
Meaux, qu'il aimait naturellement, s'embarqua de
nouveau sur la mer, et fit pendant cette campagne des réflexions qu'il n'avait pas encore faites.
L'évangile de l'ivraie et du bon grain lui parut
alors clair contre le schisme ; il vit que ce n'était
pas aux hommes à les séparer ; ainsi convaincu,
mais ne voulant tirer de sa conversion aucun mérite
pour sa fortune, il fit à son tour son abjuration
entre les mains de son curé, et perdit par là les
récompenses temporelles qu'il en aurait pu attendre ; si bien même qu'en venant après à la cour, le
Roi lui ayant fait l'honneur de lui parler avec sa
bonté ordinaire sur sa conversion, mon père répondit avec trop de sécheresse « que c'était la
seule occasion de sa vie où il n'avait point eu pour
objet de plaire à Sa Majesté ».

J'arrivai à Saint-Germain au mois de janvier 1681.
La Reine vivait ; monseigneur le Dauphin était
maıié depuis un an, et madame de Maintenon,
dans une faveur déclarée, paraissait aussi bien avec
la Reine qu'avec le Roi. Cette princesse attribuait
à la nouvelle favorite les bons procédés que le Roi
avait pour elle depuis quelque temps, et elle la
regardait avec raison sur un pied bien différent des
autres.

Mais, avant de parler des choses que j'ai vues, il
est bon de raconter celles que j'ai entendu dire.

J'ai pu voir madame de Fontanges ; mais, ou je ne l'ai pas vue, ou il ne m'en souvient pas. Je me souviens seulement d'avoir vu, à Saint-Germain, passer le Roi pendant quelque temps du château vieux au neuf pour l'aller voir tous les soirs : on disait qu'elle était malade ; et en effet elle partit quelques mois après pour aller mourir à Port-Royal de Paris. Il courut beaucoup de bruits sur cette mort au désavantage de madame de Montespan ; mais je suis convaincue qu'ils étaient sans fondement, et je crois, selon que je l'ai entendu dire à madame de Maintenon, que cette fille s'est tuée pour avoir voulu partir de Fontainebleau le même jour que le Roi, quoiqu'elle fût en travail et prête à accoucher. Elle fut toujours languissante depuis, et mourut enfin peu regrettée.

Madame de Montespan n'aurait pas appréhendé la durée du crédit de madame de Fontanges ; elle aurait été bien sûre que le Roi serait toujours revenu à elle, si elle n'avait eu que cet obstacle. Son caractère, plus ambitieux que tendre, lui avait fait souvent regarder avec indifférence les infidélités du Roi ; et, comme elle agissait quelquefois par dépit, elle avait elle-même contribué à fortifier les commencemens du goût que le Roi avait pris pour la beauté de madame de Fontanges. J'ai ouï dire qu'elle l'avait fait venir chez elle, et qu'elle n'avait rien oublié pour la faire paraître plus belle aux yeux du Roi ; elle y réussit et en fut fâchée ; mais la mort la délivra bientôt d'une rivale aussi dangereuse par la beauté que peu redoutable par l'esprit.

Madame de Fontanges joignait à ce peu d'esprit des idées romanesques que l'éducation de la province et les louanges dues à sa beauté lui avaient inspirées ; et, dans la vérité, le Roi n'a jamais été attaché qu'à sa figure ; il était même honteux lorsqu'elle parlait et qu'il n'était pas tête à tête. On s'accoutume à la beauté ; mais on ne s'accoutume point à la sottise tournée du côté du faux, surtout lorsqu'on vit en même temps avec des gens de l'esprit et du caractère de madame de Montespan, à qui les moindres ridicules n'échappaient pas, et qui savait si bien les faire sentir aux autres, par ce tour unique à la maison de Mortemart. Cependant madame de Fontanges aima véritablement le Roi, et elle répondit un jour à madame de Maintenon, qui l'exhortait à se guérir d'une passion qui ne pouvait plus faire que son malheur : « Vous me parlez de quitter une passion comme on parle de quitter un habit. »

Je me souviens aussi d'avoir entendu parler de madame de La Vallière. On sait qu'elle a précédé madame de Montespan ; et ce n'est pas l'histoire de chaque maîtresse que je prétends faire. Je veux seulement écrire les faits qui me sont demeurés plus

particulièrement dans l'esprit, soit que j'en aie été
témoin, ou que je les aie entendu raconter par
madame de Maintenon.

Le Roi prit donc de l'amour pour madame de
Montespan dans le temps qu'il vivait avec madame
de La Vallière en maîtresse déclarée, et madame
de Montespan, en maîtresse peu délicate, vivait
avec elle : même table, et presque même maison.
Elle aima mieux d'abord qu'elle en usât ainsi, soit
qu'elle espérât par là abuser le public et son mari,
soit qu'elle ne s'en souciât pas, ou que son orgueil
lui fît plus goûter le plaisir de voir à tous les in-
stans humilier sa rivale que la délicatesse de sa passion ne la portait à la crainte de ses charmes.
Quoi qu'il en soit, c'est un fait certain. Mais un
jour, fâchée contre le Roi pour quelque autre sujet
(ce qui lui arrivait souvent), elle se plaignit de
cette communauté avec une amertume qu'elle ne
sentait pas : elle y trouvait, disait-elle, peu de délicatesse de la part du Roi. Ce prince, pour l'a-
paiser, répondit avec beaucoup de douceur et de
tendresse, et finit par lui dire que cet établissement s'était fait insensiblement. « Oui, pour vous,
reprit madame de Montespan, mais très-sensible-
ment pour moi. »

Le personnage singulier de madame de La Vallière pendant plus de deux ans mérite de n'être pas
oublié. Tout le monde l'a su, tout le monde en

4

a parlé; mais, comme il pourrait être au nombre de ces choses qui ne s'écrivent point et qu'on oublie, je veux en faire un article dans mes *Souvenirs*.

Madame de La Vallière était née tendre et vertueuse : elle aima le Roi et non la royauté. Le Roi cessa de l'aimer pour madame de Montespan. Si, à la première vue, ou du moins après des preuves certaines de cette nouvelle passion, elle s'était jetée dans les Carmélites, ce mouvement aurait été naturel et conforme à son caractère : elle prit un autre parti et demeura non-seulement à la cour, mais même à la suite de sa rivale. Madame de Montespan, abusant de ses avantages, affectait de se faire servir par elle, donnait des louanges à son adresse, et assurait qu'elle ne pouvait être contente de son ajustement si elle n'y mettait la dernière main. Madame de La Vallière s'y portait, de son côté, avec tout le zèle d'une femme de chambre dont la fortune dépendrait des agrémens qu'elle prêterait à sa maîtresse. Combien de dégoûts, de plaisanteries et de dénigremens n'eut-elle pas à essuyer pendant l'espace de deux ans qu'elle demeura ainsi à la cour, à la fin desquels elle vint prendre publiquement congé du Roi ! Il la vit partir d'un œil sec pour aller aux Carmélites, où elle a vécu d'une manière aussi édifiante que touchante.

Elle disait souvent à madame de Maintenon avant de quitter la cour : « Quand j'aurai de la peine aux Carmélites, je me souviendrai de ce que ces gens-là m'ont fait souffrir » (en pailant du Roi et de madame de Montespan); ce qui marque que sa patience n'était pas tant un effet de son insensibilité qu'une épreuve peut-être mal entendue et téméraire : je laisse aux dévots à en juger. Il est certain que le style de la dévotion convenait mieux à son esprit que celui de la cour, puisqu'elle a paru en avoir beaucoup de ce genre. Je l'ai vue dans les dernières années de sa vie, et je l'ai entendue, avec un son de voix qui allait jusqu'au cœur, dire des choses admirables de son état et du bonheur dont elle jouissait déjà, malgré l'austérité de sa pénitence.

Je me souviens d'avoir ouï iaconter que, feu M. l'évêque de Meaux, Bossuet, lui ayant annoncé la mort de M. le comte de Vermandois, son fils, elle avait, par un mouvement naturel, répandu beaucoup de larmes; mais que, revenant tout à coup à elle, elle dit à ce prélat : « C'est trop pleurer la mort d'un fils dont je n'ai pas encore assez pleuré la naissance. »

J'ai vu madame de Montespan aux Carmélites, bien des années après, et dans le temps qu'elle-même n'était plus à la cour, y ievenir chercher madame de La Vallière devenue pour elle une espèce de directeur.

Mais mes *Souvenirs* me rappellent à la cour, où madame de Maintenon jouait un grand rôle auprès du Roi et auprès de la Reine. Elle avait été faite dame d'atours de madame la Dauphine de Bavière, et le Roi avait acheté pour elle la terre de Maintenon, en 1674 ou 1675, dont il voulut qu'elle prît le nom [1].

Mais les commencemens de la faveur de madame de Maintenon ont tant de liaison et de rapport à madame de Montespan que je ne puis parler de l'une sans me souvenir de l'autre. Il est donc nécessaire de dire un mot des commencemens de leur connaissance pour en raconter les suites.

Madame de Maintenon m'a dit souvent qu'elle avait connu madame de Montespan chez le maréchal d'Albret, et qu'elle n'avait point alors cette humeur qu'elle a fait paraître depuis ; ajoutant que ses sentimens étaient honnêtes, sa conduite réglée, et sa réputation bien établie.

Elle devint peu après dame du palais de la Reine, par la faveur de Monsieur, et le Roi ne fit alors aucune attention à sa beauté : toute sa faveur se bornait à sa maîtresse, qu'elle amusait à son coucher, qui durait longtemps parce que la Reine s'était fait une habitude d'attendre toujours le Roi pour se

---

1. J'ai vu dans une lettre écrite à M. d'Aubigné que le Roi lui avait ordonné de prendre le nom de Maintenon.

mettre au lit. Cette princesse était si vertueuse
qu'elle n'imaginait pas facilement que les autres
femmes ne fussent pas aussi sages qu'elle ; et, pour
faire voir jusqu'à quel point allait son innocence,
quoique avec beaucoup de hauteur dans ses sentimens, il suffit de rappeler ici ce qu'elle dit à une
carmélite qu'elle avait priée de lui aider à faire
son examen de conscience pour une confession générale qu'elle avait dessein de faire. Cette religieuse
lui demanda si, en Espagne, dans sa jeunesse,
avant d'être mariée, elle n'avait point eu envie de
plaire à quelques-uns des jeunes gens de la cour
du roi son père : « Oh ! non, ma mère, dit-elle, il
n'y avait point de roi. »

Mais enfin madame de Montespan plut au Roi ;
elle en eut des enfans, et il fut question de les
mettre entre les mains d'une personne qui sût les
bien élever et les bien cacher. Elle se souvint de
madame de Maintenon, et elle crut qu'il n'y avait
personne qui en fût plus capable : elle lui en fit
donc faire la proposition, à quoi madame de Maintenon répondit que, pour les enfans de madame de
Montespan, elle ne s'en chargerait pas ; mais que,
si le Roi lui ordonnait d'avoir soin des siens, elle
lui obéirait. Le Roi l'en pria, et elle les prit avec
elle.

Si ce fut pour madame de Maintenon le commencement d'une fortune singulière, ce fut aussi

le commencement de ses peines et de sa contrainte. Il fallut s'éloigner de ses amis, renoncer aux plaisirs de la société, pour lesquels elle semblait être née, et il le fallut sans en pouvoir donner de bonnes raisons aux gens de sa connaissance. Cependant, comme il n'était pas possible de s'en éloigner tout d'un coup, pour remédier aux inconvéniens qui pouvaient arriver dans une aussi petite maison que la sienne, dans laquelle il était aisé de surprendre une nourrice, d'entendre crier un enfant, et tout le reste, elle prit pour prétexte la petite d'Heudi-court, et la demanda à madame sa mère, qui la lui donna sans peine, par l'amitié qui était entre elles et par le goût qu'elle lui connaissait pour les en-fans. Cette petite fille fut depuis madame de Mont-gon [1], dame du palais de madame la Dauphine de Savoie.

Je me souviens d'avoir ouï raconter beaucoup de particularités de ces temps-là, qui ne méritent pas, je crois, d'être écrites, quoique le récit m'en ait infiniment amusée. Je n'en dirai qu'un mot.

On envoyait chercher madame de Maintenon quand les premières douleurs pour accoucher pre-naient à madame de Montespan. Elle emportait l'enfant, le cachait sous son écharpe, se cachait

---

1. Mère de l'abbé de Montgon, auteur des *Mémoires* où le cardinal de Fleury est très-dénigré.

elle-même sous un masque, et, prenant un fiacre, revenait ainsi à Paris. Combien de frayeurs n'avait-elle point que cet enfant ne criât ! Ces craintes se sont souvent renouvelées, puisque madame de Montespan a eu sept enfans du Roi.

Mais je me souviens d'avoir ouï raconter qu'elle fut si pénétrée de douleur au premier que sa beauté s'en ressentit. Elle devint maigre, jaune, et si changée qu'on ne la reconnaissait pas. Loin d'être née débauchée, le caractère de madame de Montespan était naturellement éloigné de la galanterie et porté à la vertu. Son projet avait été de gouverner le Roi par l'ascendant de son esprit. Elle s'était flattée d'être maîtresse non-seulement de son propre goût, mais de la passion du Roi. Elle croyait qu'elle lui ferait toujours désirer ce qu'elle avait résolu de ne lui pas accorder : la suite fut plus naturelle. Elle se désespéra, comme je l'ai dit, à la première grossesse, se consola à la seconde, et porta dans les autres l'impudence aussi loin qu'elle pouvait aller. Cependant on cachait avec le même soin les enfans dont elle paraissait publiquement grosse.

Il arriva une fois que le feu prit à une poutre de la chambre de ses enfans, à Paris. Ce feu, qui n'avait pas encore eu d'air, était comme endormi, et madame de Maintenon, en prenant les mesures nécessaires sans faire de bruit, jugea cependant que ce feu pourrait s'allumer tout à coup,

et de façon qu'il ne serait pas possible de ne pa
laisser entrer beaucoup de monde. Elle envoya e
diligence à Saint-Germain pour demander à ma
dame de Montespan ce qu'il faudrait qu'elle fît e
pareil cas; sur quoi elle dit pour toute réponse
celui qu'on avait envoyé : « J'en suis bien aise
dites à madame Scarron que c'est une marque d
bonheur pour ces enfans. »

L'aîné des enfans du Roi et de madame de Mon
tespan mourut à l'âge de trois ans. Madame d
Maintenon en fut touchée comme une mère tendi
et beaucoup plus que la véritable; sur quoi le Rc
dit, en parlant de madame de Maintenon : « Ell
sait bien aimer; il y aurait du plaisir à être aim
d'elle. »

Madame de Montespan eut cinq enfans de suite
Je ne sais s'ils furent reconnus tous ensemble ou
séparément; je sais seulement que, ne pouvant le
faire légitimer sans nommer la mère, parce qu'il n'j
avait point eu d'exemple d'une pareille reconnaissance, et pour qu'il y en eût, on fit précéder celle
des enfans du Roi par celle du bâtard du comte de
Saint-Pol, fils de madame de Longueville, qui se
trouvait dans le même cas, puisqu'il était fils de la
maréchale de La Ferté et qu'elle l'avait eu du vivant de son mari.

Le Roi fit ensuite reconnaître les siens, savoir :
M. le duc du Maine, M. le comté du Vexin, ma-

demoiselle de Nantes et mademoiselle de Tours ;
l'aîné était mort sans être reconnu, et M. le comte
de Toulouse et mademoiselle de Blois, depuis la
duchesse d'Orléans, n'étaient pas encore nés.

Madame de Maintenon alla à la cour avec ces
enfans du Roi ; mais elle s'attacha particulièrement
à M. le duc du Maine, dont l'esprit promettait
beaucoup. Heureux, je l'oserai dire, si l'usage, ou
la fortune de madame de Maintenon, lui avait
permis de demeurer plus longtemps auprès de lui,
et qu'elle eût pu achever son éducation comme
elle l'avait commencée ! Elle n'aurait rien ajouté à
l'agrément de son esprit ; mais elle lui aurait peut-
être inspiré plus de force et de courage, j'entends
celui de l'esprit, qualités si nécessaires aux hommes
élevés au-dessus des autres. Il faut avouer aussi que
la figure de M. le duc du Maine, sa timidité naturelle, et le goût du Roi (car il n'aimait pas naturellement que ceux qu'il admettait dans sa fami-
liarité fussent infiniment répandus dans le grand
monde), ont contribué à éloigner ce prince du
commerce des hommes, dont il aurait fait les délices s'il en avait été connu. La timidité rend les
hommes farouches, quand ils se font surtout un
devoir de ne la pas surmonter.

Le mariage de M. le duc du Maine mit le comble
à ses malheureuses dispositions. Il épousa une princesse du sang, d'un caractère entièrement opposé

au sien, aussi vive et entreprenante qu'il était doux et tranquille. Cette princesse abusa de sa douceur ; elle secoua bientôt le joug qu'une éducation peut-être trop sévère lui avait imposé, elle dédaigna de faire sa cour au Roi, pour tenir la sienne à Sceaux, où, par sa dépense, elle ruina monsieur son mari, lequel approuvait, ou n'osait s'opposer à ses volontés. Le Roi lui en parla, mais inutilement, et, voyant enfin que ses représentations ne servaient qu'à faire souffrir intérieurement un fils qu'il aimait, il prit le parti du silence, et le laissa croupir dans son aveuglement et sa faiblesse.

Je me souviens, à propos du mariage de M. le duc du Maine, que le Roi, qui pensait toujours juste, aurait désiré que les princes légitimés ne se fussent jamais mariés. « Ces gens-là, disait-il à madame de Maintenon, ne devraient jamais se marier. » Mais, M. le duc du Maine ayant voulu l'être, cette même sagesse du Roi aurait fait du moins qu'il aurait choisi une fille d'une des grandes maisons du royaume, sans les persécutions de M. le Prince, qui regardait ces sortes d'alliances comme la fortune de la sienne. Je sais même que le Roi avait eu dessein de choisir mademoiselle d'Uzès, et qu'il était sur le point de le déclarer, lorsque M. de Barbezieux vint lui faire part de son mariage avec elle, ce qui fit que le Roi n'y songea pas davantage. « Tout est conjoncture dans cette vie, »

» disait le maréchal de Clairambault, et la destinée de mademoiselle d'Uzès en est une preuve. »

Le comte du Vexin mourut jeune, et ne vécut que pour faire voir par ses infirmités qu'il était heureux de mourir. Madame de Montespan ne haïssait ni les remèdes, ni les expériences; et j'ai ouï dire qu'on lui avait fait treize cautères le long de l'épine du dos. On le destinait à l'Église, et il possédait déjà plusieurs grands bénéfices, entre lesquels était l'abbaye de Saint-Denis, qui fut depuis donnée à la maison royale de Saint-Cyr.

Mademoiselle de Tours, leur sœur, mourut à peu près au même âge, de huit à neuf ans. La quatrième était mademoiselle de Nantes, dont j'aurai souvent occasion de parler dans mes *Souvenirs*. Je dirai seulement ici qu'on n'oubliait rien dans son éducation pour faire valoir les talens propres à plaire qu'elle avait reçus de la nature. Elle répondit parfaitement à son éducation; mais ses grâces et ses charmes sont bien au-dessus de mes éloges. Ce n'est pourtant ni une taille sans défaut, ni ce qu'on appelle une beauté parfaite. Ce n'est pas non plus, à ce que je crois, un esprit d'une étendue infinie. Quoi qu'il en soit, elle a si bien tout ce qu'il faut pour plaire qu'on ne juge de ce qui lui manque que lorsque la découverte de son cœur laisse la raison libre Cette découverte devrait être aisée à faire, puisqu'elle ne s'est jamais piquée d'amitié ; et cependant la pente naturelle qu'on a à se flatter soi-même, et la séduction de ses agrémens, est telle qu'on ne l'en veut pas croire elle-même, et qu'on attend, pour se désabuser une expérience personnelle, qui ne manque guère.

Après ces cinq enfans, madame de Montespan fut quelque temps sans en avoir eu ; et ce fut dans cet intervalle que se fit cette fameuse séparation, et ce raccommodement si glorieux à M. l'évêque de Meaux, à madame de Montausier, et à toutes les personnes de mérite et de vertu qui étaient alors à la cour.

La rupture se fit dans le temps d'un jubilé. Le Roi avait un fonds de religion qui paraissait même dans ses plus grands désordres avec les femmes : car il n'eut jamais que cette faiblesse. Il était né sage et si régulier dans sa conduite qu'il ne manqua d'entendre la messe tous les jours que deux fois dans toute sa vie, et c'était à l'armée.

Les grandes fêtes lui causaient du remords, également troublé de ne pas faire ses dévotions ou de les faire mal. Madame de Montespan avait les mêmes sentimens, et ce n'était pas seulement pour se conformer à ceux du Roi qu'elle les faisait paraître. Elle avait été parfaitement bien élevée par une mère d'une grande piété, et qui avait jeté dans son cœur des semences de religion dès sa plus tendre enfance, dont elle ne se défit jamais. Elle les

fit voir, comme le Roi, dans tous les temps ; et je
me souviens d'avoir ouï raconter que, vivant avec
le Roi de la façon dont je viens de parler, elle
jeûnait si austèrement les carêmes qu'elle faisait
peser son pain.

Un jour la duchesse d'Uzès, étonnée de ses
scrupules, ne put s'empêcher de lui en dire un mot.
«Eh quoi ! Madame, reprit madame de Montespan,
faut-il, parce que je fais un mal , faire tous les autres ? »

Enfin le jubilé dont je viens de parler arriva. Ces
deux amans, pressés par leur conscience, se sépa-
raient de bonne foi, ou du moins ils le crurent.
Madame de Montespan vint à Paris, visita les
églises, jeûna, pria, et pleura ses péchés ; le Roi,
de son côté, fit tout ce qu'un bon chrétien doit
faire. Le jubilé fini, gagné ou non gagné, il fut
question de savoir si madame de Montespan re-
viendrait à la cour. « Pourquoi non ? disaient ses
parens et ses amis même les plus vertueux ; madame de Montespan, par sa naissance et par sa
charge, doit y être ; elle peut y vivre aussi chrétien-
nement qu'ailleurs. » M. l'évêque de Meaux fut
de cet avis. Il restait cependant une difficulté :
« Madame de Montespan, ajoutait-on, paraîtra-
t-elle devant le Roi sans préparation ? Il faudrait
qu'ils se vissent avant que de se rencontrer en public, pour éviter les inconvéniens de la surprise. »

Sur ce principe, il fut conclu que le Roi viendrait
chez madame de Montespan; mais, pour ne pas
donner à la médisance le moindre sujet de mordre,
on convint que des dames respectables et les plus
graves de la cour seraient présentes à cette entre-
vue, et que le Roi ne verrait madame de Montespan
qu'en leur compagnie. Le Roi vint donc chez madame de Montespan comme il avait été décidé;
mais insensiblement il la tira dans une fenêtre; ils
se parlèrent bas assez longtemps, pleurèrent, et se
dirent ce qu'on a accoutumé de dire en pareil cas;
ils firent ensuite une profonde révérence à ces vé-
nérables matrones, passèrent dans une autre chambre; et il en avint madame la duchesse d'Orléans
et ensuite M. le comte de Toulouse.

Je ne puis me refuser de dire ici une pensée qui
me vint dans l'esprit. Il me semble qu'on voit encore dans le caractère, dans la physionomie et
dans toute la personne de madame la duchesse
d'Orléans, des traces de ce combat de l'amour et
du jubilé.

Ces deux grossesses furent traitées avec beaucoup de mystère. On cacha ces deux derniers enfans
avec soin. Un des deux naquit à Maintenon, pendant une campagne du Roi; et madame de Montespan avec madame de Thianges y firent un assez
long séjour; mais madame de Maintenon ne fut
pas chargée de ces derniers enfans, comme elle l'a-

vait été des autres : M. de Louvois les fit élever à Paris, dans une maison au bout de la rue de Vaugirard.

Je me souviens de les avoir vu reconnaître pendant que j'étais encore chez madame de Maintenon. Ils parurent à Versailles sans préparation. La beauté de M. le comte de Toulouse surprit et éblouit tous ceux qui le virent. Il n'en était pas de même de mademoiselle de Blois : car c'est ainsi qu'on l'appela jusqu'à son mariage. La flatterie a fait depuis que ses favorites l'entretenaient continuellement de sa grande beauté, langage qui devait d'autant plus lui plaire qu'elle y était moins accoutumée.

Les figures avaient un grand pouvoir sur l'esprit de madame de Montespan; ou, pour mieux dire, elle comptait infiniment sur l'impression qu'elles ont accoutumé de faire sur le commun des hommes, et les effets qu'elles produisent. C'est sans doute par là qu'elle eut tant de peine à pardonner à mademoiselle de Blois d'être née aussi désagréable. Madame de Thianges, sœur de madame de Montespan, et dont je parlerai quelquefois, encore moins raisonnable sur ce point, ne pouvait supporter que la portion du sang de Mortemart que cette enfant avait reçue dans ses veines n'eût pas produit une machine parfaite. Ainsi mademoiselle de Blois passait sa vie à s'entendre reprocher ses défauts ; et, comme elle était naturellement timide et glorieuse, elle parlait peu, et ne laissait rien voir du côté de l'esprit qui pût les réparer. Le Roi en eut pitié ; et c'est peut-être l'origine des grands biens qu'il lui a faits, et la première cause du rang où il la fit monter depuis.

Madame la duchesse d'Orléans ne laissait pas d'avoir de la beauté, une belle peau, une belle gorge, de beaux bras et de belles mains, mais peu de proportion dans ses traits. Telle qu'elle était, madame de Thianges aurait dû avoir un peu d'indulgence pour elle, puisqu'elle lui ressemblait beaucoup. Quant à l'esprit, il est certain que madame la duchesse d'Orléans en a, quoique, à dire la vérité, elle en ait peu montré dans sa conduite, par rapport à sa famille, depuis la mort du Roi.

II

JE reviens à madame de Maintenon, qui vécut chez madame de Montespan avec M. le duc du Maine jusqu'au temps où elle le promena en différens endroits pour chercher du remède·à sa jambe. Ce prince était né droit et bien fait; et le fut jusqu'à l'âge de trois ans, que les grosses dents lui percèrent, en lui causant des convulsions si terribles qu'une de ses jambes se retira beaucoup plus que l'autre. On essaya en vain tous les remèdes de la Faculté de Paris, après lesquels on le mena à Anvers pour le faire voir à un homme dont on vantait le savoir et les remèdes; mais, comme on ne voulut pas que M. du Maine fût connu pour ce qu'il était, madame de Maintenon fit ce voyage sous le nom supposé d'une femme de condition du Poitou, qui menait son fils à cet empirique, dont les remèdes étaient apparemment bien violens, puisqu'il allongea cette malheureuse jambe beau-

coup plus que l'autre, sans la fortifier ; et les dou-
leuis extrêmes que M. du Maine souffrit ne
seivirent qu'à la lui faire traîner comme nous
voyons. Malgré ce mauvais succès, M. du Maine
ne laissa pas de faire encore deux voyages à Baiè-
ges, aussi inutilement que le reste. Connu en
France pour être fils du Roi, on lui rendit, dans
tous les lieux où il passa, des honneurs qu'on au-
1ait à peine rendus au Dauphin.

Madame de Maintenon fut bien aise, en passant
par le Poitou et la Saintonge, de 1evoir sa patiie, sa
famille et ses connaissances. M. d'Aubigné, en ce
temps-là gouverneur de Cognac, y reçut M. le
duc du Maine avec une magnificence qui devait
lui plaire ; mais le plus grand plaisir qu'elle eut dans
ces différens voyages fut de n'être pas à la cour.
Elle en trouva encore un autre dans la conversation
de M. Fagon, alors médecin de M. le duc du
Maine. C'est là que se forma entre eux cette estime
et cette amitié qui ne s'est pas démentie. Plus
M. Fagon vit madame de Maintenon, plus il ad-
mira sa vertu et goûta son esprit. Je le cite comme
un bon juge du vrai mérite.

Au retour de ces voyages, la faveur de madame
de Maintenon augmenta, et celle de madame de
Montespan diminua avec la même rapidité. Son
humeur s'en ressentit ; et madame de Maintenon,
qui voulait encore la ménager, et qui sans doute

ne prévoyait pas jusqu'où sa faveur devait la conduire, pensait sérieusement à se retirer, ne désirant
que la tranquillité et le repos de sa première vie.
Je le sais, et pour le lui avoir entendu dire, et par
des lettres que j'ai vues depuis sa mort, écrites de
sa main et adressées à un docteur de Sorbonne,
nommé l'abbé Gobelin, son confesseur; mais son
étoile singulière ne lui permit pas d'accomplir un
projet si sensé. Tout l'acheminait au grand personnage que nous lui avons vu jouer depuis.

J'ai vu encore dans ces mêmes lettres qu'on
avait voulu la marier au vieux duc de Villars, pour
s'en défaire peut-être plus honnêtement. Je rap-
porte ici la manière dont elle s'en est expliquée
elle-même avec son confesseur. [2] « Madame de
Montespan et madame de Richelieu travaillent
présentement à un mariage pour moi, qui pourtant
ne s'achèvera pas. C'est un duc assez malhonnête
homme et fort gueux. Ce serait une source d'embarras et de déplaisirs qu'il serait imprudent de
s'attirer; j'en ai déjà assez dans ma condition singulière [1] et enviée de tout le monde, sans aller en
chercher dans un état qui fait le malheur des trois
quarts du genre humain. »

Il faut avouer que le Roi, dans les premiers

---

1. La singularité de sa condition et de son état venait
sans doute de ce qu'elle se trouvait à la cour la veuve de
Scarron, dont pourtant elle n'avait jamais été la femme.

temps, eut plus d'éloignement que d'inclination
pour madame de Maintenon ; mais cet éloignement
n'était fondé que sur une espèce de crainte de son
mérite, et sur ce qu'il la soupçonnait d'avoir dans
l'esprit le précieux de l'hôtel de Rambouillet,
dont les hôtels d'Albret et de Richelieu, où elle
avait brillé, étaient une suite et une imitation,
quoique avec des correctifs, et qu'il leur manquât
un *Voiture* pour en faire passer à la postérité les
plaisanteries et les amusemens.

On se moquait à la cour de ces sociétés de gens
oisifs, uniquement occupés à développer un sentiment et à juger d'un ouvrage d'esprit. Madame de
Montespan elle-même, malgré le plaisir qu'elle
avait trouvé autrefois dans ces conversations, les
tourna après en ridicule pour divertir le Roi.

L'éloignement de ce prince pour madame de
Maintenon aurait paru plus naturel, s'il eût été
fondé sur ce qu'il savait bien qu'elle condamnait
le scandale donné à toute la France par la manière
dont il vivait avec une femme mariée et enlevée à
son mari. Elle lâchait même souvent, sur ce sujet,
des traits dont on ne devait pas lui savoir gré, et
tels que celui-ci. Elle dit un jour au Roi, à une
revue de mousquetaires : « Que feriez-vous, Sire,
si on vous disait qu'un de ces jeunes gens vit publiquement avec la femme d'un autre, comme si
elle était la sienne ? » Il est vrai que j'ignore aussi

le temps où elle fit cette question, et qu'il est à présumer qu'elle se croyait alors bien sûre de sa faveur. J'ignore aussi quelle fut la réponse du Roi ; mais le discours est certain, et suffit pour faire voir quels ont été les sentimens et la conduite de madame de Maintenon à cet égard, d'autant plus qu'elle était encore, dans ce temps-là, chez madame de Montespan, auprès de ses enfans.

Cependant le Roi, si prévenu dans les commencemens contre madame de Maintenon qu'il ne l'appelait d'un air de dénigrement, en parlant à madame de Montespan, que *votre bel esprit*, s'accoutuma à elle, et comprit qu'il y avait tant de plaisir à l'entretenir qu'il exigea de sa maîtresse, par une délicatesse dont on ne l'eût peut-être pas cru capable, de ne lui plus parler les soirs quand il serait sorti de sa chambre. Madame de Maintenon s'en aperçut, et, voyant qu'on ne lui répondait qu'un oui et qu'un non assez sec : « J'entends, dit-elle, ceci est un sacrifice » ; et, comme elle se levait, madame de Montespan l'arrêta, charmée qu'elle eût pénétré le mystère. La conversation n'en fut que plus vive après, et elles se dirent sans doute, dans un genre différent, l'équivalent de ce que Ninon avoit dit du billet de La Châtre [1].

---

1. M. de La Châtre avait exigé un billet de mademoiselle de L'Enclos, un billet comme quoi elle lui serait fidèle

On peut juger, par cet échantillon, que le Roi n'était pas incapable de délicatesse, et que madame de Montespan n'était pas en droit de lui reprocher, comme elle lui reprocha une fois, de n'être point amoureux d'elle, mais de se croire seulement redevable au public d'être aimé de la plus belle femme de son royaume. Il est vrai que le Roi n'était point l'homme du monde le plus fidèle en amour, et qu'il a eu, pendant son commerce avec madame de Montespan, quelques autres aventures galantes, dont elle se souciait peu, et elle n'en parlait que par humeur ou pour se divertir.

Je ne sais pourtant si madame de Soubise lui fut aussi indifférente, quoiqu'elle parût ne s'en pas soucier. Madame de Montespan découvrit cette intrigue par l'affectation que madame de Soubise avait de mettre certains pendans d'oreilles d'émeraudes, les jours que M. de Soubise allait à Paris. Sur cette idée, elle observa le Roi, le fit suivre, et il se trouva que c'était effectivement le signal du rendez-vous.

Madame de Soubise avait un mari qui ne ressembloit en rien à celui de madame de Montespan, et pour lequel il fallait avoir des ménagemens. D'ailleurs, madame de Soubise était trop solide

_____

pendant son absence; et, étant avec un autre, dans le moment le plus vif, elle s'écria : « Le beau billet qu'a La Châtre ! »

pour s'arrêter à des délicatesses de sentiment que
la force de son esprit et la froideur de son tempérament lui feraient regarder comme des faiblesses
honteuses. Uniquement occupée des intérêts et de
la grandeur de sa maison, tout ce qui ne s'opposait
pas à ses vues lui était indifférent.

Madame de Soubise a soutenu son caractère, et
suivi les mêmes idées dans le mariage de monsieur
son fils avec l'héritière de la maison de Ventadour,
veuve du prince de Turenne, dernier mort. Les discours du public et la mauvaise conduite effective de
la personne ne l'arrêtèrent pas : elle pensa ce que
madame Cornuel en dit alors : « que ce serait un
grand mariage dans un siècle. »

Pour dire la vérité, je crois que madame de
Soubise et madame de Montespan n'aimaient guère
plus le Roi l'une que l'autre. Toutes deux avaient
de l'ambition : la première pour sa famille, la seconde pour elle-même. Madame de Soubise voulait élever sa maison et l'enrichir ; madame de
Montespan voulait gouverner et faire sentir son
autorité. Mais je ne pousserai pas plus loin le pa-
rallèle ; je dirai seulement que, si l'on en excepte
la beauté et la taille, qui pourtant n'étaient en madame de Soubise que comme un beau tableau ou
une belle statue, elle ne devait pas disputer un
cœur avec madame de Montespan. Son esprit uniquement porté aux affaires rendait sa conversation

froide et plate; madame de Montespan, au contraire, rendait agréables les matières les plus sérieuses, et ennoblissait les plus communes : aussi
je crois que le Roi n'a jamais été fort amoureux de
madame de Soubise, et que madame de Montespan aurait eu tort d'en être inquiète. Bien des
gens ont cru le cardinal de Rohan fils du Roi;
mais, s'il y a eu un des enfans de madame de
Soubise qui fût de lui, il est mort il y a longtemps.

Malgré ces infidélités du Roi, j'ai souvent entendu dire que madame de Montespan aurait toujours conservé du crédit sur son esprit, si elle avait
eu moins d'humeur et si elle avait moins compté
sur l'ascendant qu'elle croyait avoir. L'esprit qui
ne nous apprend pas à vaincre notre humeur de-
vient inutile quand il faut ramener les mêmes gens
qu'elle a écartés; et, si les caractères doux souffrent
plus longtemps que les autres, leur fuite est sans
retour.

Le Roi trouva une grande différence dans l'humeur de madame de Maintenon : il trouva une
femme toujours modeste, toujours maîtresse d'elle-
même, toujours raisonnable, et qui joignait encore
à des qualités si rares les agrémens de l'esprit et de
la conversation.

Mais elle eut à souffrir avant de s'être fait connaître. Il est aisé de juger qu'une femme dont

l'humeur est plus forte que l'envie de plaire à son maître et à son amant ne ménage pas une amie qu'elle croit lui devoir être soumise. Il paraît même que la mauvaise humeur de madame de Montespan augmentait à proportion de la raison et de la modération qu'elle découvrait dans madame de Maintenon, et peut-être à mesure que le Roi revenait des préventions qu'il avait eues contre elle. Il était cependant bien difficile qu'on pût prévoir les suites qu'auraient un jour ces commencemens d'estime.

Je rapporterai ici quelques fragmens des lettres que madame de Maintenon écrivait à l'abbé Gobelin; on y verra, mieux que je ne pourrais l'exprimer, et ce qu'elle eut à souffrir, et quels étaient ses véritables sentimens. Il est vrai qu'il serait à désirer que ces lettres fussent datées; mais les choses marquent assez le temps où elles ont été écrites.

Madame de Montespan et moi avons eu une conversation fort vive; elle en a rendu compte au Roi à sa mode, et je vous avoue que j'aurai bien de la peine à demeurer dans un état où j'aurai tous les jours de pareilles aventures. Qu'il me serait doux de me remettre en liberté! J'ai eu mille fois envie d'être religieuse; mais la peur de m'en repentir m'a fait passer par-dessus des mouvemens que mille personnes auraient appelés vocation... Je ne saurais comprendre que la volonté de Dieu soit que je souffre de madame de Montespan. Elle est incapable d'amitié, et je ne puis m'en passer. Elle ne saurait trouver en moi les oppositions qu'elle y trouve, sans me haïr. Elle me redonne au Roi comme il lui plaît, et m'en fait perdre l'estime. Je suis avec lui sur le pied d'une bizarre qu'il faut ménager.

Dans une autre lettre : *Il se passe ici des choses terribles entre madame de Montespan et moi. Le Roi en fut hier témoin* [1] *; et ces procédés-là, joints aux maux continuels de ses enfans, me mettent dans un état que je ne pourrai longtemps soutenir.*

C'est apparemment à cette lettre qu'il faut rapporter ce que j'ai ouï raconter à madame de Maintenon, qu'étant un jour avec madame de Montespan dans une prise la plus violente du monde, le Roi les surprit, et, les voyant toutes deux fort échauffées, il demanda ce qu'il y avait; madame de Maintenon prit la parole d'un grand sang-froid, et dit au Roi : « Si Votre Majesté veut passer dans cette autre chambre, j'aurai l'honneur de le lui apprendre. » Le Roi y alla; madame de Maintenon le suivit, et madame de Montespan demeura seule. Sa

---

1. Toutes les lettres de madame de Maintenon à son confesseur font bien voir le caractère de la dévote ambitieuse et celui du prêtre à qui elle en rend compte.

tranquillité en cette occasion paraît très-surprenante, et j'avoue que je ne la pourrais croire, s'il m'était possible d'en douter.

. Quand madame de Maintenon se vit tête à tête avec le Roi, elle ne dissimula rien; elle peignit l'injustice et la dureté de madame de Montespan d'une manière vive, et fit voir combien elle avait lieu d'en appréhender les effets. Les choses qu'elle citait n'étaient pas inconnues du Roi; mais, comme il aimait encore madame de Montespan, il chercha à la justifier; et, pour faire voir qu'elle n'avait pas l'âme si dure, il dit à madame de Maintenon : « Ne vous êtes-vous pas souvent aperçue que ses beaux yeux se remplissent de larmes lorsqu'on lui raconte quelque action généreuse et touchante? » Avec cette disposition, il est à présumer, comme je l'ai dit, que, si madame de Montespan eût voulu, elle aurait encore gouverné longtemps ce prince.

, Cette conversation de madame de Maintenon avec le Roi fut suivie de plusieurs autres; mais le mariage de Monseigneur fit trouver à madame de Maintenon, dans la maison de madame la Dauphine, une porte honorable pour se soustraire à la tyrannie de madame de Montespan.

Cependant, avant de quitter le chapitre des choses qui la regardent, la vérité m'oblige de convenir, d'après madame de Maintenon, que, si madame de Montespan avait des défauts, elle avait aussi de grandes qualités. Sensible à la bonne gloire, elle laissait à madame de Thianges, sa sœur, le soin de se prévaloir des avantages de la naissance et se moquait souvent de son entêtement sur ce chapitre.

Mais, puisque je parle de madame de Thianges, je dirai un mot des trois sœurs.

« Madame de Montespan, disait M. l'abbé Testu, parle comme une personne qui lit; madame de Thianges, comme une personne qui rêve, et madame de Fontevrault, comme une personne qui parle. » Il pouvait avoir raison sur les deux autres; mais il avait tort sur madame de Montespan, dont l'éloquence était sans affectation.

Je n'ai point eu l'honneur de connaître madame l'abbesse de Fontevrault : je sais seulement, par tous les gens qui l'ont connue, qu'on ne pouvait rassembler dans la même personne plus de raison, plus d'esprit et plus de savoir : son savoir fut même un effet de sa raison. Religieuse sans vocation, elle chercha un amusement convenable à son état; mais ni les sciences ni la lecture ne lui firent rien perdre de ce qu'elle avait de naturel.

Madame de Thianges, folle sur deux chapitres, celui de sa personne et celui de sa naissance, d'ailleurs dénigrante et moqueuse, avait pourtant une sorte d'esprit, beaucoup d'éloquence, et rien de mauvais dans le cœur : elle condamnait même sou-

vent les injustices et la dureté de madame sa sœur, et
j'ai ouï dire à madame de Maintenon qu'elle avait
trouvé en elle de la consolation dans leurs démêlés.

Il y aurait des contes à faire à l'infini sur les
deux points de sa folie; mais il suffira de dire, pour
celle de sa maison, qu'elle n'en admettait que deux
en France, la sienne et celle de La Rochefoucauld [1];
et que, si elle ne disputait pas au Roi l'illustration,
elle lui disputait quelquefois l'ancienneté, parlant
à lui-même. Quant à sa personne, elle se regardait
comme un chef-d'œuvre de la nature, non tant
pour la beauté extérieure que pour la délicatesse
des organes qui composaient sa machine; et, pour
réunir les deux objets de sa folie, elle s'imaginait
que sa beauté et la perfection de son tempérament
procédaient de la différence que la naissance avait
mise entre elle et le commun des hommes.

Madame de Thianges était l'aînée de plus de
dix ans de madame de Montespan, et je ne sais
comment il se pouvait faire qu'ayant été élevées
par une mère sévère; elles prissent tant de liberté.
Je n'en serais pas étonnée de la part de M. le duc
de Mortemart, leur père, qui, je crois, n'était
pas fort scrupuleux, et dont j'ai entendu raconter
plusieurs bons mots qui sont autant de preuves et

1. Elle distinguait la maison de La Rochefoucauld des
autres en faveur des fréquentes alliances qu'elle a eues avec
la maison de Rochechouart.

de la mauvaise humeur de la femme, et du libeiti-
nage du mari, tels que celui-ci : M. de Mortemart,
étant ientié foit tard, à son ordinaire, sa femme,
qui l'attendait, lui dit : « D'où venez-vous ? passeiez-
vous votie vie avec des diables ? » A quoi M. de
Mortemart répondit : « Je ne sais d'où je viens;
mais je sais que mes diables sont de meilleuie humeur que votre bon ange. »

J'ai ouï dire au feu roi que madame de Thianges
s'échappait souvent de chez elle pour le venir
trouvei, lorsqu'il déjeunait avec des gens de son
âge. Elle se mettait avec eux à table, en personne
persuadée qu'on n'y vieillit point [1]. Cette éducation
ne devait point contribuer à la faire bien marier;
cependant elle épousa M. le maiquis de Thianges,
de la maison de Damas, et elle lui apporta en dot
le dénigiement qu'elle avait pour tout ce qui n'était
pas de son sang, ni dans son alliance ; et, comme
les teires de la maison de Thianges sont en Bourgogne, où elle fit quelque séjour, l'ennui qu'elle
y eut lui inspira une aveision pour tous les Bour-
guignons qu'elle conseiva jusqu'à la fin de ses
jours; en sorte que la plus grande injure qu'elle
pouvait dire à quelqu'un était de l'appeler Bour-
guignon. Elle eut de ce maiiage un fils et deux

---

1. C'est elle qui la première a dit qu'on ne vieillit point
à table; c'était une maxime du célèbre gourmand Broussin
avant que madame de Thianges fût au monde.

filles ; mais elle ne vit dans ce fils que cette pio-
vince qu'elle détestait, et dans sa fille aînée que sa
piopre personne qu'elle adoiait. Elle la maria au
duc de Nevers ; la cadette épousa le duc de Sforce,
et partit aussitôt après son mariage pour l'Italie,
dont elle ne revint qu'après la décadence de la
faveur de madame de Montespan. Je l'ai vue à son
retour encore assez jeune pour juger de sa beauté ;
mais elle n'avait que de la blancheur, d'assez beaux
yeux, et un nez tombant dans une bouche fort ver-
meille, qui fit diie à M. de Vendôme qu'elle *res-*
semblait à un perroquet qui mange une cerise.

Madame de Thianges n'avait pas toit d'admirer
madame de Nevers ; tout le monde l'admirait avec
elle ; mais personne ne trouvait qu'elle lui ressem-
blât, comme elle se l'imaginait. Madame de Montespan fit ce qu'elle put pour inspirer au Roi du
goût pour sa nièce ; mais il ne donna pas dans le
piége, soit qu'on s'y piît d'une manière trop gros-
sière, capable de le révolter, ou que sa beauté
n'eût pas fait sur lui l'effet qu'elle produisait sur
tous ceux qui la regardaient.

. Au défaut du Roi, madame de Nevers se contenta de M. le Prince, qu'on appelait en ce temps-
là M. le Duc. L'esprit, la galanterie, la magnificence, quand il était amoureux, réparaient en lui
une figure qui tenait plus du gnome que de l'homme.
Il a marqué sa galanterie pour madame de Nevers

par une infinité de traits ; mais je ne parlerai que
de celui-ci : M. de Nevers avait accoutumé de
partir pour Rome de la même manière dont on va
souper à ce qu'on appelle aujourd'hui une guin-
guette ; et on avait vu madame de Nevers monter
en carrosse, persuadée qu'elle allait seulement se
promener, entendre dire à son cocher : *A Rome.*
Mais, comme avec le temps elle connut mieux
monsieur son mari et qu'elle se tenait plus sur ses
gardes, elle découvrit qu'il était sur le point de
lui faire faire encore le même voyage, et en avertit
M. le Prince, lequel, aussi fertile en inventions que
magnifique lorsqu'il s'agissait de satisfaire ses
goûts, pensa, par la connaissance qu'il avait du
génie et du caractère de M. de Nevers, qu'il fallait
employer son talent ou réveiller sa passion pour
les vers. Il imagina donc de donner une fête à
Monseigneur à Chantilly. Il la proposa : on l'accepta. Il alla trouver M. de Nevers, et supposa
avec lui un extrême embarras pour le choix du
poète qui ferait les paroles du divertissement, lui
demandant en grâce de lui en trouver un, et de le
vouloir conduire ; sur quoi M. de Nevers s'offrit
lui-même, comme M. le Prince l'avait prévu. Enfin
la fête se donna ; elle coûta plus de cent mille écus;
et madame de Nevers n'alla point à Rome[1].

---

1. Monsieur le Duc, pour entrer secrètement chez ma-

Pour terminer l'article des nièces de madame de Montespan, je parlerai succinctement de l'aînée des filles du maréchal de Vivonne, son frère, la seule qui ait paru à la cour du temps de sa faveur. Elle épousa le prince d'Elbeuf par les soins et les représentations continuelles de madame de Maintenon, à qui elle fit pitié : car je ne sais pas par quelle fatalité madame sa tante eut tant de peine à l'établir. Rien cependant ne lui manquait, beauté, esprit, agrémens ; et madame de Montespan, quoiqu'elle ne l'aimât pas, ne l'a jamais blâmée que sur ce qu'elle n'avait pas, disait-elle, l'air assez noble. Quant au duc d'Elbeuf, on sait l'usage qu'il a fait de sa naissance, d'un courage qui en était digne, d'une figure aimable, et d'un esprit auquel il ne manquait que de savoir mieux profiter de ces grands et rares avantages de la nature. Il a passé sa jeunesse à être le fléau de toutes les familles par ses mauvais procédés avec les femmes, et par se vanter souvent de faveurs qu'il n'avait pas reçues. Comme il n'y avait pas moyen de mettre dans son catalogue celles de madame sa femme, il semble qu'il ait voulu s'en dédommager par les discours qu'il en a tenus, et par une conduite fort injuste à son égard.

---

dame de Nevers, dont le mari était si jaloux, avait acheté deux maisons contiguës à l'hôtel de Nevers.

Madame de Maintenon conserva avec le duc d'Elbeuf une liberté qu'elle avait prise dans la maison de madame de Montespan, où on ne l'appelait en badinant que le *goujat,* pour marquer la vie qu'il menait et la compagnie qu'il voyait ; et elle lui a fait souvent des réprimandes aussi justes que bien reçues. Le Roi avait du faible pour ce prince ; il lui parlait avec bonté, lui pardonnait ses fautes, et ne lui a presque jamais rien refusé de ce qu'il lui demandait ; mais enfin madame sa femme n'a pas été heureuse, et madame de Montespan ne l'a pas assez soutenue dans ses peines domestiques.

Je reviens au caractère de la tante, dont la dureté a paru dans des occasions où il est rare d'en montrer, et plus singulier encore d'en tirer vanité. Un jour que le carrosse de madame de Montespan passa sur le corps d'un pauvre homme, sur le pont de Saint-Germain, madame de Montausier, madame de Richelieu, madame de Maintenon et quelques autres qui étaient avec elle en furent effrayées et saisies comme on l'est d'ordinaire en pareille occasion ; la seule madame de Montespan ne s'en émut pas, et elle reprocha même à ces dames leur faiblesse. « Si c'était, leur disait-elle, un effet de la bonté de votre cœur et une véritable compassion, vous auriez le même sentiment en apprenant que cette aventure est arrivée loin comme près de vous. »

Elle joignait à cette dureté de cœur[1] une raillerie continuelle, et elle portait des coups dangereux à ceux qui passaient sous ses fenêtres pendant qu'elle était avec le Roi. L'un était, disait-elle, si ridicule que ses meilleurs amis pouvaient s'en moquer sans manquer à la morale; l'autre, qu'on disait être honnête homme : « Oui, reprenait-elle, il faut lui savoir gré de ce qu'il le veut être » ; un troisième ressemblait au valet de carreau ; ce qui donna même à ce dernier un si grand ridicule qu'il lui a fallu depuis tout le manége d'un Manceau pour faire la fortune qu'il a faite : car elle ne s'en tenait pas à la critique de son ajustement, elle se moquait aussi de ses phrases, et n'avait pas tort.

Ces choses peuvent passer pour des bagatelles, et elles le sont en effet entre des particuliers; mais il n'en est pas de même quand il est question du maître. Ces bagatelles et ces traits satiriques reviennent dans des occasions importantes et décisives pour la fortune. En un mot, on ne paraissait guère impunément sous les yeux de madame de Montespan; et souvent un courtisan, satisfait de s'être montré, n'en a retiré qu'un mauvais office, dont il a été perdu sans en démêler la cause.

Mais, malgré ces défauts, madame de Montes-

---

1. Comment accorder cette dureté avec les larmes compatissantes et généreuses dont elle parle page 51 ?

pan avait des qualités peu communes, de la grandeur d'âme et de l'élévation dans l'esprit. Elle le fit voir dans les sujets qu'elle proposa au Roi pour l'éducation de Monseigneur : elle ne songea pas seulement au temps présent, mais à l'idée que la postérité aurait de cette éducation par le choix de ceux qui devaient y contribuer. Car, en effet, si on considère le mérite et la vertu de M. de Montausier[1], l'esprit et le savoir de M. de Meaux, quelle haute idée n'aura-t-on pas et du Roi qui fait élever si dignement son fils, et du Dauphin, qu'on croira savant et habile parce qu'il le devait être ?

On ignorera les détails qui nous ont fait connaître l'humeur de M. de Montausier, et qui nous l'ont fait voir plus propre à rebuter un enfant tel que Monseigneur, né doux, paresseux et opiniâtre, qu'à lui inspirer les sentimens qu'il devait avoir.

La manière rude avec laquelle on le forçait d'étudier lui donna un si grand dégoût pour les livres qu'il prit la résolution de n'en jamais ouvrir quand il serait son maître. Il a tenu parole ; mais, comme il était bien né, et qu'il avait un bon modèle devant les yeux dans la personne du Roi son père, qu'il admirait et qu'il aimait, son règne au-

---

1. Remarquez ce contraste.

rait été heureux et tranquille, parce que, la paix
étant faite et sachant bien que le Roi n'avait pas
envie de recommencer la guerre, il n'y aurait de
lui-même pensé de longtemps, et jamais qu'avec
justice. Il aurait suivi le même plan de gouvernement; nous n'aurions vu de changement que dans
le lieu de son séjour, qu'il aurait, je crois, partagé
entre Paris et Meudon.

Madame de Montespan, dans les mêmes vues
pour la gloire du Roi, fit choix de M. Racine et
de M. Despréaux pour en écrire l'histoire. Si
c'est une flatterie, on conviendra qu'elle n'est pas
d'une femme commune, ni d'une maîtresse ordinaire.

Cependant madame de Montespan s'aperçut que
le Roi lui échappait lorsque le mal était sans remède. Elle commença à s'appuyer de M. de La
Rochefoucauld, regardé comme une espèce de
favori. Elle mit M. de Louvois dans ses intérêts,
et voulut enfin regagner par l'intrigue ce qu'elle
avait perdu par son humeur, et par l'opinion où
elle avait toujours été que celui dont l'esprit est
supérieur doit gouverner celui qui en a moins.
Mais à quoi sert cette prétendue supériorité, quand
les passions nous aveuglent et nous font prendre
les plus mauvais partis?

Le Roi ne savait peut-être pas si bien discourir
qu'elle, quoiqu'il parlât parfaitement bien. Il pen-

sait juste, s'exprimait noblement, et ses réponses les moins préparées renfermaient, en peu de mots, tout ce qu'il y avait de mieux à dire, selon les temps, les choses et les personnes. Il avait, bien plus que sa maîtresse, l'esprit qui donne de l'avantage sur les autres. Jamais pressé de parler, il examinait, il pénétrait les caractères et les pensées; mais, comme il était sage et qu'il savait combien les paroles des rois sont pesées, il renfermait souvent en lui-même ce que sa pénétration lui avait fait découvrir. S'il était question de parler de choses importantes, on voyait les plus habiles et les plus éclairés étonnés de ses connaissances, persuadés qu'il en savait plus qu'eux, et charmés de la manière dont il s'exprimait. S'il fallait badiner, s'il faisait des plaisanteries, s'il daignait faire un conte, c'était avec des grâces infinies, un tour noble et fin que je n'ai vu qu'à lui.

La principale vue de madame de Montespan, de M. de La Rochefoucauld et de M. de Louvois, fut de perdre madame de Maintenon et d'en dégoûter le Roi. Mais ils s'y prirent trop tard; l'estime et l'amitié qu'il avait pour elle avaient déjà pris de trop fortes racines. Sa conduite était d'ailleurs trop bonne et ses sentimens trop purs pour donner le moindre prétexte à l'envie et à la calomnie.

J'ignore les détails de cette cabale, dont ma-

dame de Maintenon ne m'a parlé que très légèrement, et seulement en personne qui sait oublier
les injures, mais qui ne les ignore pas.

Si j'ai dit que M. de La Rochefoucauld était
une espèce de favori, c'est que depuis la disgrâce
de M. de Lauzun, causée par la manière insolente
dont il parla au Roi, après la rupture de son mariage avec Mademoiselle, ce prince avait pris la
résolution de n'en jamais avoir, c'est-à-dire de favori déclaré. Ainsi M. de La Rochefoucauld eut
tous les avantages de la faveur par les bienfaits, et
le Roi se garantit des inconvéniens attachés à cette
qualité.

M. de Lauzun, peu content d'épouser Mademoiselle, voulut que le mariage se fît de couronne
à couronne, et, par de longs et vains préparatifs,
il donna le loisir à M. le Prince d'agir et de faire
révoquer la permission que le Roi lui avait accor-
dée. Pénétré de douleur, il ne garda plus de
mesure, et se fit arrêter et conduire dans une
longue et dure prison [1] par la manière dont il parla
à son maître.

Sans cette folle vanité, le mariage se serait fait.
Le Roi, avec le temps, aurait calmé le Prince, et
M. de Lauzun se serait vu publiquement le mari
de la petite-fille d'Henri IV, refusée à tant de

---

1. Beaucoup trop dure sans doute.

princes et de rois pour ne les pas rendre trop puissans : il se serait vu cousin germain de son maître. Quelle fortune détruite en un moment par une gloire mal placée !

Peut-être aussi n'avait-il plu à Mademoiselle que par ce même caractère audacieux, et pour avoir été le seul homme qui eût osé lui parler d'amour[1] ; mais, comme cet événement est écrit partout, je ne m'y suis arrêtée que pour sa singularité.

Mademoiselle, faible et sujette à des mouvemens violens qu'elle soutenait mal, ne cacha pas sa douleur. Après la rupture de son mariage elle se mit au lit, et reçut des visites comme une veuve désolée ; et j'ai ouï dire à madame de Maintenon qu'elle s'écriait dans son désespoir : « Il serait là ! il serait là ! » c'est-à-dire, il serait dans mon lit : car elle montrait la place vide.

On a prétendu mal à propos que M. de Lauzun avait été bien avec madame de Montespan avant qu'elle fût maîtresse du Roi. Rien n'est plus faux, si j'en crois ce que madame de Maintenon m'en a souvent dit.

Par la suite des temps, Mademoiselle négocia avec madame de Montespan le retour de M. de

---

1. Par les *Mémoires de Mademoiselle*, il est manifeste que ce fut elle qui en parla la première.

Lauzun ; et c'est en cette considération qu'elle fit une donation à M. le duc du Maine de la souveraineté de Dombes et du comté d'Eu ; mais M. de Lauzun ne fit que saluer le roi, et vécut ensuite à Paris jusqu'à la révolution d'Angleterre, dont je parlerai ailleurs.

Monseigneur fut marié en 1680, et madame de Maintenon, entrant en charge en ce temps-là, n'eut plus rien à démêler avec madame de Montespan.

Elles ne se voyaient plus l'une chez l'autre ; mais, partout où elles se rencontraient, elles se parlaient et avaient des conversations si vives et si cordiales en apparence que qui les aurait vues sans être au fait des intrigues de la cour aurait cru qu'elles étaient les meilleures amies du monde.

Ces conversations roulaient sur les enfans du Roi, pour lesquels elles ont toujours agi de concert. L'habitude et le goût qu'elles avaient l'une et l'autre pour leur esprit faisaient aussi qu'elles avaient du plaisir à s'entretenir quand l'occasion s'en présentait.

Je me souviens, à propos de ce goût indépendant de leurs procédés et de leurs mécontentemens, qu'elles se trouvèrent embarquées à faire un voyage de la cour dans le même carrosse, et, je crois, tête à tête. Madame de Montespan prit la parole, et dit à madame de Maintenon : « Ne soyons pas la dupe de cette affaire-ci ; causons comme si nous n'avions rien à démêler : bien entendu, ajouta-t-elle, que nous ne nous en aimerons pas davantage, et que nous reprendrons nos démêlés au retour. » Madame de Maintenon accepta la proposition, et elles se tinrent parole en tout.

Le Roi, avant de nommer madame de Maintenon seconde dame de la cour de madame la Dauphine, eut la politesse, pour madame la maréchale de Rochefort, de lui demander si cette compagne ne lui ferait point de peine, en l'assurant en même temps qu'elle ne se mêlerait pas de la garde-robe.

La conduite de madame de Maintenon ne démentit pas ces assurances. Sa faveur occupait tout son temps, et son caractère, encore plus que sa faveur, ne lui permettait pas d'agir d'une autre manière.

Madame la duchesse de Richelieu fut faite dame d'honneur de madame la Dauphine : madame de Maintenon, et même madame de Montespan, dans tous les temps, avaient inspiré au Roi une si grande considération pour elle qu'il ne voulut pas lui donner le dégoût d'avoir une surintendante au-dessus d'elle.

Il fit aussi M. de Richelieu chevalier d'honneur pour lui faire plaisir. Voici, je crois, l'occasion de parler de l'hôtel de Richelieu, comme je l'ai promis.

Madame de Richelieu [1], sans biens, sans beauté,
sans jeunesse, et même sans beaucoup d'esprit,
avait épousé par son savoir-faire, au grand éton-
nement de toute la cour et de la reine mère qui
s'y opposa, l'héritier du cardinal de Richelieu, un
homme revêtu des plus grandes dignités de l'État,
parfaitement bien fait, et qui, par son âge, aurait
pu être son fils; mais il était aisé de s'emparer de
l'esprit de M. de Richelieu : avec de la douceur
et des louanges sur sa figure, son esprit et son caractère, il n'y avait rien qu'on ne pût obtenir de
lui ; il fallait seulement prendre garde à sa légèreté
naturelle : car il goûtait et se dégoûtait facilement.
Madame de Maintenon m'a dit que ses amis s'aper-
cevaient même de la place qu'ils avaient dans son
cœur par celle que leurs portraits occupaient dans
sa chambre. Au commencement d'une connaissance et d'une amitié, il faisait aussitôt peindre
ceux qu'il croyait aimer, les mettait au chevet
de son lit, et peu après ils cédaient leur place à
d'autres, reculaient jusqu'à la porte, gagnaient l'antichambre et puis le grenier, et enfin il n'en était
plus question.

Madame de Richelieu continua, après son mariage, à ménager les faiblesses et à supporter les ca-

1. Anne-Marguerite d'Acigné, fille de Jean-Léonard
d'Acigné, comte de Grand-Bois, morte en 1698.

prices de monsieur son mari ; elle le voyait se ruiner
à ses yeux par son jeu et sa dépense sans jamais en
faire paraître un instant de mauvaise humeur. L'un
et l'autre avaient du goût pour les gens d'esprit, et
ils en rassemblaient chez eux comme le maréchal
d'Albret. Ce qu'il y avait de meilleur à Paris en
hommes et en femmes y venait, et c'était à peu près
les mêmes gens, excepté que l'abbé Testu, intime
ami de madame de Richelieu, dominait à l'hôtel
de Richelieu et s'en croyait le Voiture. C'était
un homme plein de son propre mérite, d'un savoir
médiocre et d'un caractère à ne pas aimer la contradiction : aussi ne goûtait-il pas le commerce des
hommes ; il aimait mieux briller seul au milieu d'un
cercle de dames auxquelles il en imposait, ou qu'il
flattait plus ou moins, selon qu'elles lui plaisaient.
Il faisait des vers médiocres, et son style était
plein d'antithèses et de pointes.

Le commerce de l'abbé Testu avec les femmes
a nui à sa fortune, et le Roi n'a jamais pu se ré-
soudre à le faire évêque. Je me souviens qu'un
jour madame d'Heudicourt parla en sa faveur ; et
sur ce que le Roi lui dit qu'il n'était pas assez
homme de bien pour conduire les autres, elle répondit : « Sire, il attend, pour le devenir, que
vous l'ayez fait évêque. »

Madame de Coulanges, femme de celui qui a
tant fait de chansons, augmentait la bonne com-

pagnie de l'hôtel de Richelieu. Elle avait une figure et un esprit agréables, une conversation remplie de traits vifs et brillans; et ce style lui était si naturel que l'abbé Gobelin [1] dit, après une confession générale qu'elle lui avait faite : « Chaque péché de cette dame est une épigramme. » Personne en effet, après madame Cornuel, n'a plus dit de bons mots que madame de Coulanges.

M. de Barillon, amoureux de madame de Maintenon, mais maltraité comme amant et fort estimé comme ami, n'était pas ce qu'il y avait de moins bon dans la société. Je ne l'ai vu qu'au retour de son ambassade d'Angleterre, après laquelle il trouva madame de Maintenon au plus haut point de sa faveur; et, comme il vit un jour le Roi et toute la cour empressés autour d'elle, il ne put s'empêcher de dire tout haut : « Avais-je grand tort ? » Mais, piqué de ne la pouvoir aborder, il dit aussi un autre jour, sur le rire immodéré et le bruit que faisaient les dames qui étaient avec elle : « Comment une personne d'autant d'esprit et de goût peut-elle s'accommoder du rire et de la bavarderie d'une récréation de couvent, telle que me paraît la conversion de ces dames ? » Ce discours, rapporté

---

1. Quel gobelin qu'un homme qui pour divertir la compagnie caractérise les confessions de ses dévotes ! Quel directeur de madame de Maintenon ! Il avait besoin d'être dirigé par elle : aussi l'était-il.

à madame de Maintenon, ne lui déplut pas : elle en sentit la vérité.

Le cardinal d'Estrées n'était pas moins amoureux dans ces temps dont je parle ; et il a fait pour madame de Maintenon beaucoup de choses galantes qui, sans toucher son cœur, plaisaient à son esprit [1].

M. de Guilleragues, par la constance de son amour, son esprit et ses chansons, doit aussi trouver place dans le catalogue des adorateurs de madame de Maintenon ; enfin je n'ai rien vu ni rien entendu dire de l'hôtel de Richelieu qui ne donnât également une haute opinion de sa vertu et de ses agrémens.

Mademoiselle de Pons, depuis madame d'Heudicourt, et mademoiselle d'Aumale, depuis madame la maréchale de Schomberg, avaient aussi leurs amans déclarés, sans que la réputation de cette dernière en ait reçu la moindre atteinte ; et, si l'on a parlé différemment de madame d'Heudicourt, c'est qu'on ne regardait pas alors un amour déclaré, qui ne produisait que des galanteries publiques, comme des affaires dont on se cache et dans lesquelles on apporte du mystère.

Madame de Schomberg était précieuse ; made-

---

1. Voilà bien de la galanterie, tant profane que sacerdotale !

moiselle de Pons, bizarre, naturelle, sans jugement, pleine d'imagination, toujours nouvelle et
divertissante, telle enfin que madame de Maintenon m'a dit plus d'une fois : « Madame d'Heudicourt n'ouvre pas la bouche sans me faire rire ;
cependant je ne me souviens pas, depuis que nous
nous connaissons, de lui avoir entendu dire une
chose que j'eusse voulu avoir dite [1]. »

---

1. Madame de Caylus se répète ici : c'est une preuve
de la négligence et de la simplicité dont elle écrivait ces
Mémoires, qui ne sont en effet que des souvenirs sans
ordre.

III

IL est temps de sortir de l'hôtel de Richelieu pour retourner à la cour et reprendre ce que j'avais commencé à dire de la maison de madame la Dauphine de Bavière où madame de Maintenon eut beaucoup de part, tant au choix de madame la duchesse de Richelieu qu'à l'égard des autres charges. Cependant madame de Richelieu n'aima madame de Maintenon que dans la mauvaise fortune et dans le repos d'une vie oisive. La vue d'une faveur qu'elle croyait mériter mieux qu'elle l'emporta sur le goût naturel, l'estime et la reconnaissance. La première place dans la confidence du Roi parut à ses yeux un vol qu'elle ne put pardonner à son amie ; mais, désespérant d'y parvenir, elle se tourna du côté de madame la Dauphine, et, par des craintes, des soupçons et mille fausses idées, elle contribua à l'éloignement que

cette princesse eut pour le monde. Madame la
Dauphine voyait la nécessité d'être bien avec la
favorite pour être bien avec le Roi, son beau-
père ; mais, la regardant en même temps comme
une personne dangereuse dont il fallait se défier,
elle se détermina à la retraite, où elle était naturellement portée, et ne découvrit qu'après la mort
de madame de Richelieu, dans un éclaircissement
qu'elle eut avec madame de Maintenon, la fausseté des choses qu'elle lui avait dites. Étonnée de
la voir aussi affligée, elle marqua sa surprise, et,
par l'enchaînement de la conversation, elle mit au
jour les mauvais procédés de cette infidèle amie [1].

Si cet éclaircissement fournit à madame de
Maintenon un motif de consolation, elle ne put
voir sans douleur combien elle avait été abusée ;
mais il produisit un changement favorable dans
l'esprit de madame la Dauphine : elle songea dans
ce moment à s'attacher plus étroitement madame
de Maintenon ; elle lui proposa de remplir la
place de madame de Richelieu, et elle le demanda
au Roi comme une chose qu'elle désirait passionnément.

Le Roi avait eu la même pensée, et ce fut son

---

1. La véritable raison fut que madame de Richelieu,
qui avait protégé autrefois madame Scarron, ne put supporter d'être totalement éclipsée par madame de Maintenon.

premier mouvement lorsqu'il apprit la mort de
madame de Richelieu ; mais madame de Maintenon refusa constamment un honneur que sa
modestie lui faisait regarder comme au-dessus
d'elle. C'est sans doute ce qu'elle veut dire dans
une de ses lettres à M. d'Aubigné, que j'ai lue, et
qui est à Saint-Cyr ; et, comme je suis persuadée
qu'on ne pourrait jamais la faire si bien parler
qu'elle parle elle-même, je vais copier l'article de
cette lettre qui répond au sujet dont je parle :

*Je ne pourrais vous faire connétable, quand je le
voudrais ; et, quand je le pourrais, je ne le voudrais
pas. Je suis incapable de vouloir demander rien que
de raisonnable à celui à qui je dois tout, et que je
n'ai pas voulu qui fit pour moi-même une chose au-
dessus de moi. Ce sont des sentimens dont vous
pâlissez peut-être ; mais peut-être aussi, si je n'avais
pas le fond d'honneur qui les inspire, je ne serais
pas où je suis. Quoi qu'il en soit, vous êtes heureux,
si vous êtes sage.*

Ce refus fit beaucoup de bruit à la cour : on y
trouva plus de gloire que de modestie, et j'avoue
que mon enfance ne m'empêcha pas d'en porter le
même jugement. Je me souviens que madame de
Maintenon me fit venir, à son ordinaire, pour
voir ce que je pensais ; elle me demanda si j'aime-

ıais mieux être la nièce de la dame d'honneur que la nièce d'une personne qui refuserait de l'être. A quoi je répondis sans balancer que je trouvais celle qui refusait infiniment au-dessus de l'autre ; et madame de Maintenon, contente de ma réponse, m'embrassa.

Il fallut donc choisir une autre dame d'honneur ; mais, comme madame de Navailles avait dégoûté le Roi de celles qui avaient de la fermeté et qui pouvaient être trop clairvoyantes, celles qui lui succédèrent, à l'exception de madame de Richelieu, le dégoûtèrent à leur tour de la douceur et du manque d'esprit. Il était cependant difficile de trouver dans la même personne titres, vertu, esprit, représentation ; et, le nombre des duchesses, quelque grand qu'il soit, étant pourtant limité, le Roi fut embarrassé dans ce choix : madame de Maintenon essaya inutilement de le déterminer en faveur de madame la duchesse de Créquy, dame d'honneur de la feue reine ; elle n'en tira que cette réponse : « Ah ! Madame, changeons au moins de sotte. » L'occasion lui parut alors trop favorable pour la duchesse d'Arpajon, son ancienne amie, et sœur du marquis de Beuvron, auquel elle était bien aise de faire plaisir, pour ne la pas proposer : le Roi l'accepta, et madame d'Arpajon a parfaitement rempli l'idée qu'on avait d'elle.

Madame de Maintenon plaça encore, dans la maison de madame la Dauphine, madame de Montchevreuil, femme de mérite, si l'on borne l'idée du mérite à n'avoir point de galanteries. C'était une femme froide et sèche dans le commerce, d'une figure triste, d'un esprit au-dessous du médiocre, et d'un zèle capable de dégoûter les plus dévots de la piété, mais attachée à madame de Maintenon, à qui il convenait de produire à la cour une ancienne amie, d'une réputation sans reproche, avec laquelle elle avait vécu dans tous les temps, sûre et secrète jusqu'au mystère. J'ignore l'occasion et les commencemens de leur connaissance; je sais seulement que madame de Maintenon a passé souvent, dans sa jeunesse, plusieurs mois à Montchevreuil.

Je ne prétends pas dissimuler ce qui s'est dit sur M. de Villarceaux [1], parent et de même maison que madame de Montchevreuil. Si c'est par lui que cette liaison s'est formée, elle ne décide rien contre madame de Maintenon, puisqu'elle n'a jamais caché qu'il eût été de ses amis. Elle parla

---

[1]. Cet endroit était délicat à traiter; il est certain que madame Scarron avait enlevé à Ninon M. de Villarceaux, son amant. J'ignore jusqu'à quel point M. de Villarceaux poussa sa conquête; mais je sais que Ninon ne fit que rire de cette infidélité, qu'elle n'en sut nul mauvais gré à sa rivale, et que madame de Maintenon aima toujours Ninon.

pour son fils, et obtint le cordon bleu pour lui :
on voit même encore à Saint-Cyr une lettre écrite
à madame de Villarceaux, où elle fait le détail de
l'entrée du Roi à Paris après son mariage, dans
laquelle elle parle de ce même M. de Villarceaux,
et voici ce qu'elle en dit : *Je cherchai M. de Villarceaux ; mais il avait un cheval si fougueux qu'il
était à vingt pas de moi avant que je le reconnusse ;
il me parut bien et des plus galamment habillés,
quoique des moins magnifiques : sa tête brune lui
seyait fort bien, et il avait fort bonne grâce à
cheval.*

« Cependant, quelque persuadée que je sois de la
vertu de madame de Maintenon, je ne ferai pas
comme M. de Lassay, qui, pour trop affirmer un
jour que ce qu'on avait dit sur ce sujet était faux,
s'attira une question singulière de la part de madame sa femme, fille naturelle de M. le Prince.
Ennuyée de la longueur de la dispute, et admirant
comment monsieur son mari pouvait être autant
convaincu qu'il le paraissait, elle lui dit d'un sang-
froid admirable : « Comment faites-vous, Monsieur, pour être si sûr de ces choses-là? » Pour
moi, il me suffit d'être persuadée de la fausseté des
bruits désavantageux qui ont couru, et d'en avoir
assez dit pour montrer que je ne les ignore pas.

Je reviens à madame de Montchevreuil, pour
laquelle toute la faveur et l'amitié de madame de

Maintenon ne purent obtenir que la place de gouvernante des filles : c'était peu pour elle; mais on y attacha des grandes distinctions : elle fut regardée comme une quatrième dame qui suivait et servait madame la Dauphine au défaut des dames d'honneur et de la dame d'atours; et la chambre, composée des plus grands noms du royaume, fut établie sur un pied différent de celle des filles de la Reine.

Le Roi, jeune et galant alors, avait contribué aux choses peu exemplaires qui s'y étaient passées. On sait les démêlés qu'il eut avec madame de Navailles pour une fenêtre qu'elle fit boucher, et qu'elle suspendit par là certaines visites nocturnes que son austère vertu ne crut pas devoir tolérer. Elle dit en face au Roi qu'elle ferait sa charge, et qu'elle ne souffrirait pas que la chambre des filles fût déshonorée, sur quoi le Roi déclara qu'elle serait à l'avenir dans la dépendance de madame la comtesse de Soissons, surintendante. Madame de Navailles soutint toujours ses droits avec la même fermeté, et s'attira enfin une disgrâce honorable, que monsieur son mari voulut partager avec elle.

Ainsi le Roi, instruit par sa propre expérience et corrigé par les années, n'oublia rien de ce qui pouvait mettre les filles d'honneur de madame la Dauphine sur un bon pied. Voici les noms et à peu près le caractère des six premières.

Mademoiselle de Laval avait un grand air, une belle taille, un visage agréable, et dansait parfaitement bien. On prétend qu'elle plut au Roi ; je ne sais ce qui en est. Il la maria avec M. de Roquelaure, et le fit duc à brevet, comme l'avait été monsieur son père.

Les premières vues de M. de Roquelaure n'avaient pas été pour mademoiselle de Laval. La faveur de madame de Maintenon, qu'on voyait augmenter chaque jour, le fit penser à moi ; mais il me demanda inutilement : madame de Maintenon répondit que j'étais un enfant qu'elle ne songerait pas sitôt à établir, et qu'il ferait bien d'épouser mademoiselle de Laval. M. de Roquelaure, surpris à ce discours, ne put s'empêcher de dire : « Pourrais-je l'épouser avec les bruits qui courent ? qui m'assurera qu'ils sont sans fondemens ? — Moi, reprit madame de Maintenon ; je vois les choses de près, et je n'ai point d'intérêt à vous tromper. » Il la crut, le mariage se fit, et le public, moins crédule, tint plusieurs discours, et en fit tenir à M. de Roquelaure de peu convenables. On fit aussi des chansons, comme on ne manque jamais d'en faire à Paris sur tous les événemens.

Mademoiselle de Biron n'était pas jeune : on disait qu'elle avait été belle ; mais il n'y paraissait plus. Ne pouvant donc faire usage d'une beauté passée, elle se tourna du côté de l'intrigue, à quoi son esprit était naturellement porté. Elle tira le secret de ses compagnes, se rendit nécessaire à Monseigneur, et obtint par là de la cour de quoi se marier.

Mademoiselle de Gontaut, sa sœur, avait de la beauté, peu d'esprit, mais une si grande douceur et tant d'égalité d'humeur qu'elle s'est toujours fait aimer et honorer de tous ceux qui l'ont connue. Le Roi la maria au marquis d'Urfé, qu'il fit menin de Monseigneur.

Mademoiselle de Tonnerre n'était pas belle, mais bien faite, folle et malheureuse. M. de Rhodes, grand maître de cérémonies, encore plus fou qu'elle dans ce temps-là, en devint amoureux, et fit des extravagances si publiques pour elle qu'il la fit chasser de la cour. Madame de Richelieu, par un faux air d'austérité qui devenait à la mode depuis la dévotion du Roi, l'emmena à Paris d'une manière peu convenable et qui ne fut approuvée de personne; elle la mit dans un carrosse de suite avec des femmes de chambre.

Mademoiselle de Rambures avait le style de la famille de Nogent dont était madame sa mère : vive, hardie, et avec l'esprit qu'il faut pour plaire aux hommes sans être belle. Elle attaqua le Roi et ne lui déplut pas, c'est-à-dire assez pour lui adresser plutôt la parole qu'à une autre. Elle en voulut ensuite à Monseigneur, et elle réussit dans ce dernier piojet : madame la Dauphine s'en désespéra ; mais elle ne devait s'en prendre qu'à elle-même et à ses façons d'agir.

Mademoiselle de Jarnac, laide et malsaine, ne tiendia pas beaucoup de place dans mes *Souvenirs*. Elle vécut peu et tristement : elle avait, disait-on, un beau teint pour éclairer sa laideur.

Mademoiselle de Lewestein, depuis madame de Dangeau, entia fille d'honneur à la place de mademoiselle de Laval ; et, comme j'aurai souvent occasion de pailer d'elle, il est bon de donner ici une légère idée de sa personne et de son caractère. On sait qu'elle est de la maison Palatine. Un de ses ancêtres, pour n'avoir épousé qu'une simple demoiselle, perdit son rang[1], et sa postéiité n'a plus été regaidée comme des princes souverains ; mais MM. de Lewestein ont toujouis poité le nom et les armes de la maison Palatine, et ont été depuis comtes de l'Empire et alliés aux plus grandes maisons de l'Allemagne.

M. le cardinal de Furstenbeig, après une longue et duie prison qu'il s'attira pai son attachement à la France, vint s'y établir, et emmena à la cour mademoiselle de Lewestein, sa nièce, celle même dont je parle, dont la beauté, jointe à une taille de

---

1. Il ne perdit point son rang de prince ; mais ses enfans n'en purent jouir faute d'un diplôme de l'Empereur.

Madame de Caylus. 11

nymphe, qu'un ruban couleur de feu qu'elle portait comme les hommes portent le cordon bleu, parce qu'elle était chanoinesse, relevait encore; mais sa sagesse et sa vertu y causèrent une plus juste admiration.

Cependant cette haute naissance, cette figure charmante et une vertu si rare, n'a trouvé que M. de Dangeau capable d'en connaître le prix. Il était veuf et n'avait qu'une fille de son premier mariage; d'ailleurs la charge de chevalier d'honneur de madame la Dauphine, charge qu'il avait achetée de M. le duc de Richelieu, menin de Monseigneur, et un bien considérable, lui donnaient tous les agrémens qu'on peut avoir à la cour. La signature de son contrat causa d'abord quelques désagrémens à madame sa femme. Madame la Dauphine, surprise qu'elle s'appelât comme elle, voulut faire rayer son véritable nom[1]. Madame entra dans ses sentimens; mais on leur fit voir si clairement qu'elle était en droit de le porter que ces princesses n'eurent plus rien à dire, et même Madame a toujours rendu à madame de Dangeau ce qui était dû à sa naissance et à son mérite, et elle a eu pour elle toute l'amitié dont elle était capable.

Madame la Dauphine était non-seulement laide,

---

1. Il y a une petite méprise. M. de Dangeau avait fait énoncer dans le contrat « de Bavière Lewestein », on mit « Lewestein de Bavière ».

mais si choquante que Sanguin, envoyé par le
Roi en Bavière dans le temps qu'on traitait son
mariage, ne put s'empêcher de dire au Roi au
retour : « Sire, sauvez le premier coup d'œil. »
Cependant Monseigneur l'aima, et peut-être n'aurait aimé qu'elle, si la mauvaise humeur et l'ennui
qu'elle lui causa ne l'avaient forcé à chercher des
consolations et des amusemens ailleurs.

Le Roi, par une condescendance dont il se repentit, avait laissé auprès de madame la Dauphine
une femme de chambre allemande, élevée avec
elle et à peu près du même âge : cette fille,
nommée Bessola, sans avoir rien de mauvais, fit
beaucoup de mal à sa maîtresse et beaucoup de
peine au Roi. Elle fut cause que madame la Dauphine, par la liberté qu'elle eut de s'entretenir et
de parler allemand avec elle, se dégoûta de toute
autre conversation, et ne s'accoutuma jamais à ce
pays-ci. Peut-être que les bonnes qualités de cette
princesse y contribuèrent : ennemie de la médisance
et de la moquerie, elle ne pouvait supporter ni
comprendre la raillerie et la malignité du style de
la cour, d'autant moins qu'elle n'en entendait pas
les finesses. En effet, j'ai vu les étrangers, ceux
mêmes dont l'esprit paraissait le plus tourné aux
manières françaises, quelquefois déconcertés par
notre ironie continuelle, et madame la Dauphine
de Savoie, que nous avions eue enfant, n'a jamais

pu s'y accoutumer; elle disait assez souvent à
madame de Maintenon, qu'elle appelait sa tante
par un badinage plein d'amitié : « Ma tante, on
se moque de tout ici. »

Enfin les bonnes et les mauvaises qualités de
madame la Dauphine de Bavière, mais surtout son
attachement pour Bessola, lui donnèrent un goût
pour la retraite peu convenable aux premiers rangs.
Le Roi fit de vains efforts pour l'en retirer. Il lui
proposa de marier cette fille à un homme de qualité, afin qu'elle pût être comme les autres dames,
manger avec elle quand l'occasion se présenterait,
et la suivre dans ses carrosses; mais la Dauphine,
par une délicatesse ridicule, répondit qu'elle ne
pouvait y consentir, parce que le cœur de Bessola
serait partagé.

Cependant le Roi, soutenu des conseils de madame de Maintenon et porté par lui-même à
n'être plus renfermé comme il avait été avec ses
maîtresses, ne se rebuta pas, et il crut, à force de
bons traitemens, par le tour galant et noble dont
il accompagnait ses bontés, ramener l'esprit de
madame la Dauphine, et l'obliger à tenir une
cour. Je me souviens d'avoir ouï raconter, et de
l'avoir encore vu, qu'il allait quelquefois chez elle,
suivi de ce qu'il y avait de plus rare en bijoux et
en étoffes, dont elle prenait ce qu'elle voulait; le
reste composait plusieurs lots, que les filles d'hon-

neur et les dames qui se trouvaient présentes ti-
raient au soit, ou bien elles avaient l'honneur de
les jouer avec elle, ou même avec le Roi. Pendant
que le hoca fut à la mode, et avant que le Roi,
par sa sagesse, eût défendu un jeu aussi dangereux,
il le tenait chez madame la Dauphine; mais il
payait, quand il perdait, autant de louis que les
particuliers mettaient de petites pièces.

Des façons d'agir si aimables, et dont toute autre
belle-fille aurait été enchantée, furent inutiles pour
madame la Dauphine, et elle y répondit si mal que
le Roi, rebuté, la laissa dans la solitude où elle
voulait être, et toute la cour l'abandonna avec lui.

Elle passait sa vie renfermée dans de petits ca-
binets derrière son appartement, sans vue et sans
air; ce qui, joint à son humeur naturellement mé-
lancolique, lui donna des vapeurs. Ces vapeurs,
prises pour des maladies effectives, lui firent faire
des remèdes violens; et enfin ces remèdes, beaucoup plus que ses maux, lui causèrent la mort,
après nous avoir donné trois princes. Elle mourut
persuadée que sa dernière couche lui avait donné
la mort, et elle dit en donnant sa bénédiction à
M. le duc de Berri :

Ah ! mon fils, que tes jours coûtent cher à ta mère[1] !

---

1. Beau vers de l'*Andromaque* de Racine. La Dauphine
de Bavière ne manquait ni de goût ni de sensibilité ; mais sa

Il est aisé de comprendre qu'un jeune prince, tel qu'était Monseigneur alors, avait dû s'ennuyer infiniment entre madame sa femme et la Bessola, et d'autant plus qu'elles se parlaient toujours allemand, langue qu'il n'entendait pas, sans faire attention à lui. Il résista cependant par l'amitié qu'il avait pour madame la Dauphine; mais, poussé à bout, il chercha à s'amuser chez madame la princesse de Conti, fille du Roi et de madame de La Vallière. Il y trouva d'abord de la complaisance et du plaisir parmi la jeunesse qui l'environnait : ainsi il laissa madame la Dauphine jouir paisiblement de la conversation, de son Allemande. Elle s'en affligea quand elle vit le mal sans remède, et s'en prit mal à propos à madame la princesse de Conti. Son aigreur pour elle, et les plaintes qu'elle fit souvent à Monseigneur, ne produisirent que de mauvais effets. Si nos princes sont doux, ils sont opiniâtres; et, s'ils échappent une fois, ils ne reviennent plus. Madame de Maintenon l'avait prévu, et avait averti inutilement madame la Dauphine.

Monseigneur, ainsi rebuté, ne se contenta pas d'aller, comme je l'ai dit, chez madame la princesse

---

santé toujours mauvaise la rendait incapable de société. On lui contestait ses maux; elle disait : *Il faudra que je meure pour me justifier.* Et ses maux empiraient par le chagrin d'être laide dans une cour où la beauté était nécessaire.

dé Conti ; il s'amusa aussi avec les filles d'honneur
de madame la Dauphine, et devint amoureux de
mademoiselle de Rambures ; mais le Roi, instruit
par sa propre expérience, et voulant prévenir les
désordres que l'amour et l'exemple de Monseigneur
causeraient infailliblement dans la chambre des
filles, prit la résolution de la marier. Plusieurs
partis se présentèrent, dont elle ne voulut point.
M. de Polignac fut le seul avec lequel elle crut ne
pas perdre sa liberté, c'était le seul aussi que le
Roi ne voulait pas, à cause de madame la vicom-
tesse de Polignac, sa mère, qu'il avait trouvée
mêlée dans les affaires de madame la comtesse de
Soissons, et qu'il avait exilée dans le même temps.
Le refus du Roi ne rebuta pas mademoiselle de
Rambures : elle l'assura qu'elle savait mieux que
lui ce qu'il lui fallait, et qu'en un mot M. de Polignac lui convenait. Le Roi, piqué, répondit qu'elle
était la maîtresse de se marier à qui elle voudrait ;
mais qu'elle ne devait pas compter, en épousant
malgré lui M. de Polignac, de vivre à la cour.
Elle tint bon, se maria, et vint à Paris. Je laisse à
juger si M. de Polignac a justifié le discernement
de sa première femme.

Il est, je crois, à propos de parler présentement
de madame la princesse de Conti, fille du Roi, de
cette princesse belle comme madame de Fontanges,
agréable comme sa mère, avec la taille et l'air du

Roi son père, et auprès de laquelle les plus belles et les mieux faites n'étaient pas regardées. Il ne faut pas s'étonner que le bruit-de sa beauté se soit répandu jusqu'à Maroc, où son portrait fut porté[1]. Cependant le plus grand éclat de madame la princesse de Conti n'a duré que jusqu'à sa petite vérole, qu'elle eut à dix-sept ou dix-huit ans ; elle lui prit à Fontainebleau, et elle la donna à monsieur son mari, qui en mourut dans le temps qu'on le croyait hors d'affaire, et qu'il le croyait si bien lui-même qu'il expira en badinant avec madame sa femme et ses amis.

On ne peut nier que la coquetterie de madame la princesse de Conti ne fût extrême. Son esprit est médiocre et capable de gâter d'excellentes qualités qui sont réellement en elle. Elle est bonne amie, généreuse, et a rendu de grands services aux personnes pour lesquelles elle a eu de la bonté ; mais plusieurs se sont crues dispensées d'en conserver de la reconnaissance. Il faut excepter de ce nombre la princesse de Lorraine, madame de Lil-

---

1. Cela est très-vrai ; l'ambassadeur de Maroc, en recevant le portrait du Roi, demanda celui de la princesse sa fille. Comme elle eut le malheur d'essuyer beaucoup d'infidélités de ses amans, Périgny fit un couplet pour elle :

Pourquoi refusez-vous l'hommage glorieux
D'un roi qui vous attend, et qui vous croira belle ?
Puisque l'Hymen à Maroc vous appelle,
Partez, c'est peut-être en ces lieux
Qu'il vous garde un amant fidèle.

lebonne et madame de Commercy : j'ai vu de près
la fidélité de leur attachement et la persévérance
inébranlable de leur reconnaissance.

Je ne sais si l'humeur de madame la princesse de
Conti contribuait à révolter les conquêtes que sa
beauté lui faisait faire, ou par quelle fatalité elle
eut aussi peu d'amans fidèles que d'amis reconnais-
sans ; mais il est certain qu'elle n'en conserva pas,
et ce qui se passa entre elle et mademoiselle Chouin
est aussi humiliant que singulier.

Mademoiselle Chouin était une fille à elle, d'une
laideur à se faire remarquer, d'un esprit propre à
briller dans une antichambre, et capable seulement
de faire le récit des choses qu'elle avait vues. C'est
par ces récits qu'elle plut à sa maîtresse, et ce qui
lui attira sa confiance. Cependant cette même mademoiselle Chouin enleva à la plus belle princesse du
monde le cœur de M. de Clermont-Chatte, en ce
temps-là officier des gardes.

Il est vrai qu'ils pensaient à s'épouser ; et sans
doute qu'ils avaient compté, par la suite des temps,
non-seulement d'y faire consentir madame la princesse de Conti, mais d'obtenir par elle et par Monseigneur des grâces de la cour dont ils auraient eu
grand besoin. L'imprudence [1] d'un courrier, pen-

---

1. On ouvrait toutes les lettres. Cette infidélité ne se
commet plus nulle part, comme on sait.

dant une campagne, déconcerta leurs projets, et découvrit à madame la princesse de Conti, de la plus cruelle manière, qu'elle était trompée par son amant et par sa favorite. Le courrier de M. de Luxembourg remit à M. de Barbezieux toutes les lettres qu'il avait; ce ministre se chargea de les faire rendre ; mais il porta le paquet au Roi : on peut aisément juger de l'effet qu'il produisit, et de la douleur de madame la princesse de Conti. Mademoiselle Chouin fut chassée, M. de Clermont exilé [1], et on lui ôta son bâton d'exempt.

Nous retrouverons ailleurs mademoiselle Chouin, et on la verra jouer par la suite un meilleur et plus grand rôle.

Madame la princesse de Conti donna l'exemple aux autres filles naturelles du Roi d'épouser des princes du sang. Madame de Montespan, persuadée que le mariage de la fille de madame de La Vallière serait le modèle et le premier degré de l'élévation de ses propres enfans, contribua à celui-ci de tous ses soins. Le grand Condé, de son côté, ce héros incomparable, regarda cette alliance comme un avantage considérable pour sa maison. Il crut effacer par là l'impression que le souvenir du passé

---

1. Excellente raison, prise dans les droits du pouvoir suprême, pour exiler un officier et pour apprendre aux jeunes gens à ne plus quitter les belles pour les laides.

avait laissé de désavantageux contre lui dans l'esprit
du Roi. M. le Prince son fils, encore plus attaché
à la cour, n'oublia rien pour témoigner sa joie, et
il marqua dans cette occasion, comme dans toutes
les autres de sa vie, le zèle et la bassesse d'un courtisan qui voudrait faire sa fortune. J'oserai même
assurer, et par ce que j'ai vu, et par ce que j'ai
appris des gens bien informés, que le Roi n'aurait
jamais pensé à élever si haut ses bâtards, sans les
empressemens que ces deux princes de Condé
avaient témoignés pour s'unir à lui par ces sortes
de mariages.

Messieurs les princes de Conti avaient été élevés
avec monseigneur le Dauphin, dans les premières
années de leur vie, et par une mère d'une vertu
exemplaire. Ils avaient tous deux de l'esprit et
étaient fort instruits; mais le gendre du Roi, gauche
dans toutes ses actions, n'était goûté de personne
par l'envie qu'il eut toujours de paraître ce qu'il
n'était pas. Le second, avec toutes les connaissances
et l'esprit qu'on peut avoir, n'en montrait qu'autant
qu'il convenait à ceux à qui il parlait : simple, naturel, profond et solide, frivole même quand il
fallait le paraître, il plaisait à tout le monde; et,
comme il passait pour être un peu vicieux, on disait de lui ce qu'on a dit de César [1].

----

1. Qu'il était le mari de bien des femmes, et la femme

M. le prince de Conti l'aîné, pour faire l'homme dégagé, et montrer qu'il n'avait pas la faiblesse d'être jaloux, amenait chez madame sa femme les jeunes gens de la cour les plus éveillés et les mieux faits. Cette conduite, comme on peut le croire, fournit une ample matière à des histoires, dont je ne parlerai que quand l'occasion s'en présentera, et lorsque je les croirai propres à éclairer les faits que j'aurai à raconter.

Je vais présentement parler de la mort de la reine Marie-Thérèse d'Autriche. Elle mourut en peu de jours[1], d'une maladie qu'on n'eût pas crue d'abord considérable ; mais une saignée, faite mal à propos, fit rentrer l'humeur d'un clou, dont à peine s'était-on aperçu. Cette princesse perdit la vie dans le temps que les années et la piété du Roi la lui rendaient heureuse. Il avait pour elle des attentions auxquelles elle n'était pas accoutumée : il la voyait plus souvent et cherchait à l'amuser ; et, comme elle attribuait cet heureux changement à madame de Maintenon, elle l'aima et lui donna toutes les marques de considération qu'elle pouvait imaginer. Je me souviens même

de bien des hommes. De Bausse lui disait : « Que vous êtes aimable, Monseigneur ! vous souffrez gaiement qu'on vous contrarie, qu'on vous raille, qu'on vous pille, qu'on vous, etc. » C'est le même qui fut élu roi de Pologne.

1. En 1683, 30 juillet.

qu'elle me faisait l'honneur de me caresser toutes
les fois que j'avais celui de paraître devant elle;
mais cette pauvre princesse avait tant de crainte
du Roi, et une si grande timidité naturelle,
qu'elle n'osait lui parler ni s'exposer au tête-à-tête
avec lui.

J'ai ouï dire à madame de Maintenon qu'un
jour, le Roi ayant envoyé chercher la Reine, pour
ne pas paraître seule en sa présence, elle voulut
qu'elle la suivît; mais elle ne fit que la conduire
jusqu'à la porte de la chambre, où elle prit la
liberté de la pousser pour la faire entrer, et
remarqua un si grand tremblement dans toute
sa personne que ses mains mêmes tremblaient de
timidité.

C'était un effet de la passion vive qu'elle avait
toujours eue pour son mari, et que les maîtresses
avaient rendue si longtemps malheureuse. Il fallait
aussi que le confesseur de cette princesse n'eût
point d'esprit, et ne fût qu'un cagot, ignorant
des véritables devoirs de chaque état. J'en juge
par une lettre de madame de Maintenon à l'abbé
Gobelin, où elle dit :

Je suis ravie que le monde loue ce que fait le Roi.
Si la Reine avait un directeur comme vous, il n'y
aurait pas de bien qu'on ne dût attendre de l'union
de la famille royale; mais on eut toutes les peines

du monde, sur la medianoche, à persuader son confesseur, qui la conduit par un chemin plus propre, selon moi, à une carmélite qu'à une reine [1].

Enfin, soit par la faute du confesseur, soit par la timidité de la Reine, ou par la violence, comme je l'ai dit, d'une passion si longtemps malheureuse, il faut avouer qu'elle n'avait rien en elle de ce qui pouvait la faire aimer, et qu'au contraire le Roi avait en lui toutes les qualités les plus propres à plaire, sans être capable d'aimer beaucoup. Presque toutes les femmes lui avaient plu [2], excepté la sienne, dont il exerça la vertu par ses galanteries : car le Roi n'a jamais manqué à la considération qu'il devait à la Reine, et a toujours eu pour elle des égards qui l'auraient rendue heureuse, si quelque chose avait pu la dédommager de la perte d'un cœur qu'elle croyait lui être dû.

Entre toutes les maîtresses du Roi, madame de Montespan est celle qui fit le plus de peine à la Reine, tant par la durée de cette passion et le peu de ménagement qu'elle eut pour elle que par les anciennes bontés de cette princesse. Madame de Montespan avait été dame du palais par le crédit

---

1. Quel salmigondis de confesseurs et de maîtresses ! quelles pauvretés !

2. Et réciproquement.

de Monsieur, et elle fut quelque temps à la cour
sans que le Roi fît attention ni à sa beauté ni aux
agrémens de son esprit. Sa faveur se bornait à la
Reine, qu'elle divertissait à son coucher pendant
qu'elle attendait le Roi : car il est bon de remarquer que la Reine ne se couchait jamais, à quelque
heure que ce fût, qu'il ne fût rentré chez elle, et,
malgré tant de galanteries, le Roi n'a jamais dé-
couché d'avec la Reine.

Elle aimait alors madame de Montespan, parce
qu'elle la regardait comme une honnête femme,
attachée à ses devoirs et à son mari. Aussi sa surprise fut égale à sa douleur quand elle la trouva,
dans la suite, si différente de l'idée qu'elle en avait
eue. Le chagrin de la Reine ne fut pas adouci par
la conduite et les procédés de madame de Montespan, d'autant plus que ceux de M. de Montespan obligèrent le Roi, pour retenir sa maîtresse à
la cour et pour lui donner des distinctions sans
qu'elle les partageât avec lui, de la faire surintendante de la maison de la Reine.

Je sais peu le détail de ce qui se passa alors au
sujet de M. de Montespan ; tout ce que j'en puis
dire, c'est qu'on le regardait comme un malhonnête
homme et un fou. Il n'avait tenu qu'à lui d'emmener
sa femme ; et le Roi, quelque amoureux qu'il fût,
aurait été incapable dans les commencemens d'employer son autorité contre celle d'un mari. Mais

M. de Montespan, loin d'user de la sienne, ne
songea d'abord qu'à profiter de l'occasion pour
son intérêt et sa fortune ; et ce qu'il fit ensuite ne
fut que par dépit de ce qu'on ne lui accorda pas ce
qu'il voulait. Le Roi se piqua à son tour , et, pour
empêcher madame de Montespan d'être exposée à
ses caprices, il la fit surintendante de la maison de
la Reine, laissant faire en province à ce misérable
garçon [1] toutes ses extravagances.

, J'ai trouvé dans les lettres de madame de Maintenon à l'abbé Gobelin [2] qu'il y avait eu une séparation en forme au Châtelet de Paris entre
M. et madame de Montespan. Madame de Maintenon en parle par rapport à la sûreté d'une fon-
dation que madame de Montespan voulait faire
aux Hospitalières. On voit encore par là qu'elle a
dans tous les temps été occupée de bonnes œuvres.

La mort de la Reine ne donna à la cour qu'un
spectacle touchant. Le Roi fut plus attendri
qu'affligé ; mais, comme l'attendrissement produit
d'abord les mêmes effets, et que tout paraît considérable dans les grands, la cour fut en peine [3] de

---

1. Ce mot de garçon, qui n'a point de féminin, ne convient
pas à un homme marié. Au reste, il se fit faire un carrosse
de deuil dont les panneaux étaient des cornes.

2. Il est triste que madame de Maintenon ait tant écrit à
cet abbé Gobelin, qui était un tracassier rampant, avare
comme Harpagon et processif comme Chicaneau.

3. Ah! très-peu en peine.

sa douleur. Celle de madame de Maintenon, que je voyais de près, me parut sincère et fondée sur l'estime et la reconnaissance. Je ne dirai pas la même chose des larmes de madame de Montespan, que je me souviens d'avoir vue entrer chez madame de Maintenon sans que je puisse dire pourquoi ni comment. Tout ce que je sais, c'est qu'elle pleurait beaucoup, et qu'il paraissait un trouble dans toutes ses actions, fondé sur celui de son esprit, et peut-être sur la crainte de retomber entre les mains de monsieur son mari.

La Reine expirée, madame de Maintenon voulut revenir chez elle; mais M. de La Rochefoucauld la prit par le bras, et la poussa chez le Roi en lui disant : « Ce n'est pas le temps de quitter le Roi, il a besoin de vous. » Ce mouvement ne pouvait être dans M. de La Rochefoucauld qu'un effet de son zèle et de son attachement pour son maître, où l'intérêt de madame de Maintenon n'avait assurément point de part. Elle ne fut qu'un moment avec le Roi, et revint aussitôt dans son appartement, conduite par M. de Louvois, qui l'exhortait d'aller chez madame la Dauphine, pour l'empêcher de suivre le Roi à Saint-Cloud, et lui persuader de garder le lit, parce qu'elle était grosse et qu'elle avait été saignée. « Le Roi n'a pas besoin, disait M. de Louvois, de ces démonstrations d'amitié, et l'État a besoin d'un prince. »

Madame de Caylus. 13

Le Roi alla à Saint-Cloud, où il demeura depuis le vendredi, que la Reine mourut, jusqu'au lundi, qu'il en partit pour aller à Fontainebleau ; et, le temps où madame la Dauphine était obligée de garder le lit pour sa grossesse étant expiré, elle alla joindre le Roi et fit le voyage avec lui. Madame de Maintenon la suivait, et parut aux yeux du Roi dans un si grand deuil, avec un air si affligé, que lui, dont la douleur était passée, ne put s'empêcher de lui en faire quelques plaisanteries ; à quoi je ne jurerais pas qu'elle ne répondit en elle-même comme le maréchal de Grammont à madame Hérault.

Madame Hérault avait soin de la ménagerie, et, dans son espèce, était bien à la cour. Elle perdit son mari, et le maréchal de Grammont, toujours courtisan, prit un air triste pour lui témoigner la part qu'il prenait à sa douleur ; mais comme elle répondit à son compliment : « Hélas ! le pauvre homme a bien fait de mourir », le maréchal répliqua : « Le prenez-vous par là, Madame Hérault ? ma foi, je ne m'en soucie pas plus que vous. » Cette réponse a passé depuis en proverbe à la cour.

Pendant le voyage de Fontainebleau dont je parle, la faveur de madame de Maintenon parvint au plus haut. Elle changea le plan de sa vie ; et je crois qu'elle eut pour principale règle de faire le

contraire de ce qu'elle avait vu chez madame de
Montespan [1].

Mesdames de Chevreuse et de Beauvilliers, avec
lesquelles elle se lia d'une étroite amitié, avaient le
mérite auprès d'elle de n'avoir jamais fait leur cour
à madame de Montespan, malgré l'alliance que
M. Colbert, leur père, avait faite de sa troisième fille
avec le duc de Mortemart, son neveu. Ce mariage
coûta au Roi quatorze cent mille livres [2] : huit cent
mille livres pour payer les dettes de la maison de
Mortemart, et six cent mille pour la dot de mademoiselle Colbert. Cependant, ni cette alliance
ni le goût que ces dames avaient naturellement
pour la cour ne purent les déterminer à faire
la leur à madame de Montespan. Elles crurent
que madame de Maintenon leur ouvrait une porte
honnête pour se rapprocher du Roi, et en profitè-
rent avec une joie d'autant plus grande qu'elles
s'en voyaient plus éloignées par la mort de la Reine,
dont elles étaient dames du palais. Cette liaison
devint intime en peu de temps, et dura jusqu'à la
disgrâce de Monsieur de Cambrai ; mais je réserve à parler ailleurs et de cette disgrâce, et

---

1. Et de succéder à Marie-Thérèse.

2. Cela est immense ; cette somme serait aujourd'hui à
peu près deux millions huit cent mille livres ; et c'est le
peuple qui paye.

de la faveur de Monsieur de Cambrai, auquel ces dames furent si attachées.

Si mesdames de Chevreuse et de Beauvilliers recherchèrent l'amitié de madame de Maintenon, elle ne fut pas fâchée, de son côté, de faire voir au Roi, par leur empressement, la différence que des personnes de mérite mettaient entre madame de Montespan et elle [1].

A ces dames se joignirent madame de Montchevreuil, madame la princesse d'Harcourt et madame la comtesse de Grammont. M. de Brancas, chevalier d'honneur de la Reine, fameux par ses distractions, et ami intime de madame de Maintenon, était le père de madame la princesse d'Harcourt, que madame de Maintenon avait mariée, et à laquelle elle s'est toujours intéressée, par ces raisons nécessaires à dire pour la justifier d'une amitié qu'on lui a toujours reprochée; à quoi il faut ajouter que madame de Maintenon n'a jamais su les histoires qu'on en a faites, et qu'elle n'a vu dans madame la princesse d'Harcourt que ses malheurs domestiques et sa piété apparente [2].

---

1. Cela fait voir que madame de Maintenon en savait plus que madame de Montespan.
2. Toujours, sur la fin du règne de Louis XIV, la débauche sous le masque de la dévotion. La galanterie auparavant avait été moins fausse et plus aimable.

Madame la comtesse de Grammont [1] avait pour
elle le goût et l'habitude du Roi : car madame de
Maintenon la trouvait plus agréable qu'aimable. Il
faut avouer aussi qu'elle était souvent Anglaise insupportable, quelquefois flatteuse, dénigrante, hautaine, et rampante [2] ; enfin, malgré les apparences,
il n'y avait de stable en elle que sa mine, que rien
ne pouvait abaisser, quoiqu'elle se piquât de fermeté dans ses sentimens et de constance dans ses
amitiés. Il est vrai aussi qu'elle faisait toujours paraître beaucoup d'esprit dans les différentes formes
que son humeur et ses desseins lui faisaient prendre.
Madame de Maintenon joignit à l'envie de plaire
au Roi, en attirant chez elle madame la comtesse
de Grammont, le motif de la soutenir dans la piété [3],
et d'aider autant qu'il lui était possible une conversion fondée sur celle de Du Charmel. C'était un
gentilhomme lorrain connu à la cour par le gros jeu
qu'il jouait : il était riche et heureux ; ainsi il faisait beaucoup de dépense [4] et était à la mode à la

---

1. C'était une Hamilton que ses frères avaient obligé le
comte de Grammont à épouser malgré lui.

2. Caractère qui n'est pas extraordinaire en Angleterre.

3. Quelle piété !

4. C'était un fat, à prétendues bonnes fortunes, et l'esprit le plus mince. La fameuse princesse Palatine, qui passait
pour avoir un esprit si solide, avait eu une pareille vision.
Elle avait cru entendre parler une poule ; l'évêque Bossuet

cour; mais il la quitta brusquement et se retira à
l'Institution, sur une vision qu'il crut avoir eue;
et la même grâce, par un contre-coup heureux,
toucha aussi madame la comtesse de Grammont.
Peut-être que l'inégalité qu'elle a fait paraître
dans sa conduite, et dont j'ai été témoin, était
fondée sur le combat qui se passait continuellement
en elle entre sa raison et ses inclinations : car il
faut avouer qu'elle n'avait rien qui tendît à la piété.

Je crois qu'il n'est pas hors de propos de parler
ici de madame d'Heudicourt, quoiqu'elle ne fût
pas encore revenue à la cour dans ce temps dont
je parle; elle y revint peu après. Comme elle est
une des plus singulières personnes que j'y aie vues,
et qu'une infinité de circonstances la rappelleront
souvent à ma mémoire, il est bon de la faire connaître.

Madame d'Heudicourt était cette même mademoiselle de Pons, parente du maréchal d'Albret,
dont la chronique scandaleuse prétend qu'il avait
été amoureux [1], amie de madame de Maintenon
et de madame de Montespan jusqu'à sa disgrâce.
Il est certain que sa fortune ne répondait pas à sa

---

en fait mention dans son Oraison funèbre. Son poulailler
opéra sa conversion.

1. Le maréchal d'Albret avait eu aussi beaucoup de goût
pour madame Scarron.

naissance, et qu'elle n'aurait pu venir en ce pays-ci sans le maréchal d'Albret, ni avec bienséance sans madame sa femme, à laquelle il était aisé d'en faire accroire. Elle parut donc à la cour avec elle, et elle ne put y paraître sans que sa beauté et ses agrémens y fissent du bruit. Le Roi ne la vit pas avec indifférence, et balança même quelque temps entre madame de La Vallière et elle; mais les amies de madame la maréchale d'Albret, poussées peut-être par le maréchal, lui représentèrent qu'il ne fallait pas laisser plus longtemps cette jeune personne à la cour, où elle était sur le point de se perdre à ses yeux, et qu'elle en partagerait la honte, puisque c'était elle qui l'y avait amenée. Sur cette remontrance, la maréchale la ramena brusquement à Paris, sur le prétexte d'une maladie supposée du maréchal d'Albret.

Madame d'Heudicourt n'était pas mauvaise à entendre sur cette circonstance de sa vie, surtout quand elle en parlait au Roi même : scène dont j'ai été quelquefois témoin. Elle ne lui cachait pas combien sa douleur fut grande quand elle trouva le maréchal d'Albret en bonne santé, et qu'elle reconnut le sujet pour lequel on avait supposé cette maladie. Ce fut en vain qu'elle retourna, après le voyage de Fontainebleau, à la cour : la place était prise par madame de La Vallière.

Madame d'Heudicourt, vieille fille sans bien,

quoique avec une grande naissance, se trouva heureuse d'épouser le marquis d'Heudicourt; et madame de Maintenon [1], son amie, y contribua de tous ses soins. Amie aussi de madame de Montespan, elle vécut avec elle à la cour jusqu'à sa disgrâce, dont je ne puis raconter les circonstances, parce que je ne les sais que confusément. Je sais seulement qu'elle roulait sur des lettres de galanterie écrites à M. de Béthune, ambassadeur en Pologne, homme aimable et de bonne compagnie : car, quoique je ne l'aie jamais vu, je m'imagine le connaître parfaitement à force d'en avoir entendu parler à ses amis, lesquels se sont presque tous trouvés des miens [2].

Sans doute qu'il y avait plus que de la galanterie dans les lettres de madame d'Heudicourt à M. de Béthune; et il n'y a pas d'apparence que le Roi et madame de Montespan eussent été si sévères sur leur découverte d'une intrigue où il n'y aurait eu que de l'amour. Selon toutes les apparences, madame d'Heudicourt rendait compte de ce qui se passait de plus particulier à la cour. Je sais que madame de Maintenon dit au Roi que, pour cesser de voir et pour abandonner son amie, il fallait

1. Alors madame Scarron.
2. C'était un homme d'un génie supérieur, très-voluptueux et très-amusant.

qu'on lui fît voir ses torts d'une manière convain-
cante. On lui montra ces lettres [1] dont je parle, et
elle cessa alors de la voir. Madame d'Heudicourt
partit après pour s'en aller à Heudicourt, où elle a
demeuré plusieurs années, et où le chagrin la rendit
si malade qu'elle fut plusieurs fois à l'extrémité.
Une chose bien particulière qui lui arriva dans une
de ses maladies, c'est qu'elle se démit le pied dans
son lit; et, comme on ne s'en aperçut pas, elle
demeura boiteuse; et cette femme si droite et si
délibérée ne pouvait plus marcher quand elle revint à la cour.

Je ne l'ai vue qu'à son retour, si changée qu'on
ne pouvait pas imaginer qu'elle eût été belle. Elle
y fut quelque temps sans voir madame de Maintenon, mais elle m'envoyait assez souvent chez elle,
parce que j'avais l'honneur d'être sa parente; elle
me témoignait mille amitiés.
Insensiblement tout s'effaça. Le Roi rendit à
madame de Maintenon la parole qu'elle lui avait
donnée de ne jamais voir madame d'Heudicourt;
et elle la vit à la fin avec autant d'intimité que si
elles n'avaient jamais été séparées. Pour moi, je
trouvais madame de Maintenon heureuse d'être en
commerce avec une personne d'aussi bonne compagnie, naturelle, d'une imagination si vive et si

---

1. Toujours des lettres interceptées qui causent des disgrâces.

singulière qu'elle trouvait toujours moyen d'amuser et de plaire. Cependant, en divertissant madame de Maintenon, elle ne s'attirait pas son estime, puisque je lui ai entendu dire : « Je ris des choses que dit madame d'Heudicourt, il m'est impossible de résister à ses plaisanteries ; mais je ne me souviens pas de lui avoir jamais rien entendu dire que je voulusse avoir dit. »

Je n'ai rien à ajouter à ce que j'ai déjà dit de madame de Montchevreuil, si ce n'est qu'elle fut la confidente des choses particulières qui se passèrent après la mort de la Reine, et qu'elle seule en eut le secret.

Pendant le voyage de Fontainebleau qui suivit la mort de la Reine, je vis tant d'agitation dans l'esprit de madame de Maintenon que j'ai jugé depuis, en la rappelant à ma mémoire, qu'elle était causée par une incertitude violente de son état, de ses pensées, de ses craintes et de ses espérances ; en un mot, son cœur n'était pas libre, et son esprit fort agité. Pour cacher ses divers mouvemens, et pour justifier les larmes que son domestique et moi lui vîmes quelquefois répandre, elle se plaignait de vapeurs, et elle allait, disait-elle, chercher à respirer dans la forêt de Fontainebleau avec la seule madame de Montchevreuil ; elle y allait même quelquefois à des heures indues.

Je me garderai bien de pénétrer un mystère

respectable[1] pour moi par tant de raisons; je nom-
merai seulement ceux qui vraisemblablement ont
été dans le secret. Ce sont : M. de Harlay, en ce
temps-là archevêque de Paris; M. et madame de
Montchevreuil, Bontems, et une femme de chambre
de madame de Maintenon, fille aussi capable que
qui que ce soit de garder un secret, et dont les sentimens étaient fort au-dessus de son état.

J'ai vu, depuis la mort de madame de Maintenon, des lettres d'elle, gardées à Saint-Cyr, qu'elle
écrivait à ce même abbé Gobelin que j'ai déjà cité.
Dans les premières, on voit une femme dégoûtée
de la cour, et qui ne cherche qu'une occasion honnête de la quitter; dans les autres, qui sont écrites
après la mort de la Reine, cette même femme ne
délibère plus, le devoir est pour elle marqué et in-
dispensable d'y demeurer; et, dans ces temps différens, la piété est toujours la même[2].

C'est dans ce même temps que madame de Maintenon s'amusa à former insensiblement et par degrés
la maison royale de Saint-Louis; mais il est bon,
je crois, d'en raconter l'histoire en détail.

Madame de Maintenon avait un goût et un

---

1. Ce n'est plus un mystère.

2. Et l'abbé Gobelin l'encourage par ses lettres, et ne
lui parle plus qu'avec un profond respect, et l'abbé de Fé-
nelon, précepteur des enfans de France, ne la nomme plus
qu'Esther.

talent particuliers pour l'éducation de la jeunesse.
L'élévation de ses sentimens et la pauvreté où elle
s'était vue réduite lui inspiraient surtout une grande
pitié pour la pauvre noblesse ; en sorte qu'entre tous
les biens qu'elle a pu faire dans sa faveur, elle a préféré les gentilshommes aux autres ; et je l'ai vue toujours choquée de ce qu'excepté de certains grands
noms on confondait trop à la cour la noblesse avec
la bourgeoisie.

Elle connut à Montchevreuil une Ursuline dont
le couvent avait été ruiné, et qui peut-être n'en
avait pas été fâchée : car je crois que cette fille
n'avait pas une grande vocation. Quoi qu'il en
soit, elle fit tant de pitié à madame de Maintenon
qu'elle s'en souvint dans sa fortune, et loua pour
elle une maison. On lui donna des pensionnaires,
dont le nombre augmenta à proportion de ses re-
venus. Trois autres religieuses se joignirent à madame de Brinon (car c'est le nom de cette fille
dont je parle), et cette communauté s'établit d'a-
bord à Montmorency, ensuite à Rueil ; mais, le
Roi ayant quitté Saint-Germain pour Versailles et
agrandi son parc, plusieurs maisons s'y trouvèrent
renfermées, entre lesquelles était Noisy-le-Sec.
Madame de Maintenon le demanda au Roi pour y
mettre madame de Brinon [1] avec sa communauté.

---

1. On peut dire hardiment que cette madame de Brinon
était une folle qui brûlait d'envie de jouer un rôle.

C'est là qu'elle eut la pensée de l'établissement de
Saint-Cyr; elle la communiqua au Roi; et, bien
loin de trouver en lui de la contradiction, il s'y
porta avec une ardeur digne de la grandeur de son
âme. Cet édifice, superbe par l'étendue des bâti-
mens, fut élevé en moins d'une année, et en état
de recevoir deux cent cinquante demoiselles,
trente-six dames pour les conduire, et tout ce
qu'il faut pour servir une communauté aussi nombreuse. Si je dis des dames et non religieuses en
parlant de celles qui devaient être à la tête de cette
maison, c'est que la première idée avait été d'en
faire des espèces de chanoinesses, qui n'auraient
pas fait de vœux solennels; mais, comme on y
trouva des inconvéniens, il fut résolu, quelque
temps avant la translation de Noisy à Saint-Cyr,
d'en faire de véritables religieuses : on leur donna
des constitutions et l'on fit un mélange de l'ordre
des Ursulines avec celui des filles de Sainte-Marie.

On sait que, pour entrer à Saint-Cyr, il faut
faire également preuve de noblesse et de pauvreté;
et s'il s'y glisse quelquefois des abus dans un de
ces deux points, ce n'est ni la faute des fondateurs, ni celle des dames religieuses de cette maison. Le généalogiste du Roi fait les preuves de la
noblesse; l'évêque et l'intendant de la province
certifient la pauvreté : si donc ils se laissent tromper, ou qu'ils le veuillent bien être, c'est que tout est

corruptible, et que la prévoyance humaine ne peut empêcher les abus qui se glisseront toujours dans les établissemens les plus solides et les plus parfaits.

« Les louanges qu'on donnerait à celui-ci seraient faibles et inutiles ; il parlera, autant qu'il durera, infiniment mieux à l'avantage de ses fondateurs qu'on ne pourrait faire par tous les éloges ; et il fera toujours désirer que les rois successeurs de Louis XIV soient non-seulement dans la volonté de maintenir un établissement si nécessaire à la noblesse, mais de le multiplier, s'il est possible, quand une longue et heureuse paix le leur permettra.

Quel avantage n'est-ce point pour une famille aussi pauvre que noble, et pour un vieux militaire criblé de coups, après s'être ruiné dans le service, de voir revenir chez lui une fille bien élevée, sans qu'il lui en ait rien coûté pendant treize années qu'elle a pu demeurer à Saint-Cyr, apportant même un millier d'écus, qui contribuent à la marier ou à la faire vivre en province ? Mais ce n'est là que le moindre objet de cet établissement ; celui de l'éducation que cette demoiselle a reçue, et qu'elle répand ensuite dans une famille nombreuse, est vraiment digne des vues, des sentimens et de l'esprit de madame de Maintenon[1].

---

1. Cet établissement utile a été surpassé par celui de l'École militaire, imaginé par M. Pâris du Verney, et proposé par madame de Pompadour.

Madame de Brinon présida, dans les commencemens de cet établissement, à tous les règlemens qui furent faits, et l'on croyait qu'elle était nécessaire pour les maintenir. Mais, comme elle en était encore plus persuadée que les autres, elle se laissa si fort emporter par son caractère naturellement impérieux que madame de Maintenon se repentit de s'être donné à elle-même une supérieure aussi hautaine. Elle renvoya donc cette fille dans le temps qu'on la croyait au comble de la faveur : car les gens de la cour, qui la regardaient comme une seconde favorite, la ménageaient, lui écrivaient, et la venaient quelquefois voir; chose qui ne plut pas encore à madame de Maintenon. Enfin, pendant un voyage de Fontainebleau, elle eut ordre de sortir de Saint-Cyr, et d'aller dans tel autre lieu qu'il lui conviendrait, avec une pension honnête.

De tous les gens qui la connaissaient, qui lui faisaient la cour auparavant, et à qui elle avait fait plaisir, il ne se trouva que madame la duchesse de Brunswick qui la voulût bien recevoir. Elle la garda chez elle jusqu'à ce qu'elle eût écrit à madame sa tante, princesse Palatine, en ce temps-là abbesse de Maubuisson, qui voulut bien la recevoir. Madame la duchesse de Brunswick lui fit l'honneur de l'y mener elle-même; et elle fut non-seulement bien reçue, mais bien traitée jusqu'au dernier moment de sa vie.

Madame de Maintenon, qui a toujours estimé et respecté madame la duchesse de Brunswick, respectable par tant d'autres endroits, lui sut le meilleur gré du monde de son procédé en cette occasion.

Madame de Brinon aimait les vers et la comédie, et, au défaut des pièces de Corneille et de Racine, qu'elle n'osait faire jouer, elle en composait de détestables, à la vérité; mais c'est cependant à elle, et à son goût pour le théâtre, qu'on doit les deux belles pièces que Racine a faites pour Saint-Cyr. Madame de Brinon avait de l'esprit, et une facilité incroyable d'écrire et de parler : car elle faisait aussi des espèces de sermons fort éloquens, et, tous les dimanches après la messe, elle expliquait l'Évangile comme aurait pu faire M. Le Tourneur.

Mais je reviens à l'origine de la tragédie dans Saint-Cyr. Madame de Maintenon voulut voir une des pièces de madame de Brinon : elle la trouva telle qu'elle était, c'est-à-dire si mauvaise qu'elle la pria de n'en plus faire jouer de semblables, et de prendre plutôt quelques belles pièces de Corneille ou de Racine, choisissant seulement celles où il y avait le moins d'amour. Ces petites filles représentèrent *Cinna* assez passablement pour des enfans qui n'avaient été formées au théâtre que par une vieille religieuse. Elles jouèrent ensuite *Andro-*

maque; et, soit que les actrices en fussent mieux choisies, ou qu'elles commençassent à prendre des airs de la cour, dont elles ne laissaient pas de voir de temps en temps ce qu'il y avait de meilleur, cette pièce ne fut que trop bien représentée, au gré de madame de Maintenon [1]; et elle lui fit appréhender que cet amusement ne leur insinuât des sentimens opposés à ceux qu'elle voulait leur inspirer. Cependant, comme elle était persuadée que ces sortes d'amusemens sont bons à la jeunesse, qu'ils donnent de la grâce, apprennent à mieux prononcer, et cultivent la mémoire (car elle n'oubliait rien de tout ce qui pouvait contribuer à l'éducation de ces demoiselles, dont elle se croyait avec raison particulièrement chargée), elle écrivit à M. Racine, après la repiésentation d'*Andromaque* : « Nos petites filles viennent de jouer *Andromaque*, et l'ont si bien jouée qu'elles ne la joueront plus, ni aucune de vos pièces. » Elle le piia, dans cette même lettre, de lui faire dans ses momens de loisii quelque espèce de poème moral ou historique dont l'amour fût entièrement banni, et dans lequel

---

1. Il n'est pas étonnant que des jeunes filles de qualité, élevées si près de la cour, aient mieux joué *Andromaque*, où il y a quatre personnages amoureux, que *Cinna*, dans lequel l'amour n'est pas traité fort naturellement, et n'étale guère que des sentimens exagérés et des expressions un peu ampoulées; d'ailleurs une conspiration de Romains n'est pas trop faite pour des filles françaises.

il ne crût pas que sa réputation fût intéressée, puisqu'il demeurerait enseveli dans Saint-Cyr, ajoutant
qu'il ne lui importait que cet ouvrage fût contre
les règles, pourvu qu'il contribuât aux vues qu'elle
avait de divertir les demoiselles de Saint-Cyr en
les instruisant.

Cette lettre jeta Racine dans une grande agitation. Il voulait plaire à madame de Maintenon; le
refus était impossible à un courtisan, et la commis-
sion délicate pour un homme qui, comme lui, avait
une grande réputation à soutenir, et qui, s'il avait
renoncé à travailler pour les comédiens, ne voulait
pas du moins détruire l'opinion que ses ouvrages
avaient donnée de lui. Despréaux, qu'il alla con-
sulter, décida pour la négative : ce n'était pas
le compte de Racine. Enfin, après un peu de réflexion, il trouva dans le sujet d'Esther tout ce
qu'il fallait pour plaire à la cour. Despréaux lui-
même en fut enchanté, et l'exhorta à travailler,
avec autant de zèle qu'il en avait eu pour l'en dé-
tourner. Racine ne fut pas longtemps sans porter
à madame de Maintenon, non-seulement le plan
de sa pièce (car il avait accoutumé de les faire en
prose, scène par scène, avant d'en faire les vers),
mais il porta même le premier acte tout fait.
Madame de Maintenon en fut charmée, et sa modestie ne put l'empêcher de trouver dans le caractère d'Esther, et dans quelques circonstances de ce

sujet, des choses flatteuses pour elle. La Vasthi [1]
avait ses applications; Aman avait de grands traits
de ressemblance. M. de Louvois avait même dit à
madame de Maintenon, dans le temps d'un démêlé
qu'il eut avec le Roi, les mêmes paroles d'Aman
lorsqu'il parle d'Assuérus :

Il sait qu'il me doit tout.

Indépendamment de ces idées, l'histoire d'Esther
convenait parfaitement à Saint-Cyr. Les chœurs,
que Racine, à l'imitation des Grecs, avait toujours
eu en vue de remettre sur la scène, se trouvaient
placés naturellement dans *Esther,* et il était ravi
d'avoir eu cette occasion de les faire connaître et
d'en donner le goût. Enfin je crois que, si l'on
fait attention au lieu, au temps et aux circonstances, on trouvera que Racine n'a pas moins
marqué d'esprit dans cette occasion que dans
d'autres ouvrages plus beaux en eux-mêmes.

Esther fut représentée un an après la résolution
que madame de Maintenon avait prise de ne plus
laisser jouer des pièces profanes à Saint-Cyr. Elle

---

1. Madame de Maintenon, dans une de ses lettres, dit,
en parlant de madame de Montespan :

. . . . . . Après la fameuse disgrâce
De l'altière Vasthi, dont je remplis la place.

(ESTHER.)

eut un si grand succès que le souvenir n'en est pas encore effacé. Jusque-là il n'avait point été question de moi, et on n'imaginait pas que je dusse y représenter un rôle ; mais, me trouvant présente aux récits que M. Racine venait faire à madame de Maintenon de chaque scène à mesure qu'il les composait, j'en retenais des vers ; et, comme j'en récitais un jour à M. Racine, il en fut si content qu'il demanda en grâce à madame de Maintenon de m'ordonner de faire un personnage ; ce qu'elle fit ; mais je n'en voulus point de ceux qu'on avait déjà destinés ; ce qui l'obligea de faire pour moi le prologue de la Piété. Cependant, ayant appris, à force de les entendre, tous les autres rôles, je les jouai successivement, à mesure qu'une des actrices se trouvait incommodée : car on représenta *Esther* tout l'hiver ; et cette pièce, qui devait être renfermée dans Saint-Cyr, fut vue plusieurs fois du Roi et de toute sa cour, toujours avec le même applaudissement[1].

Ce grand succès mit Racine en goût ; il voulut

---

1. On cadençait alors les vers dans la déclamation : c'était une espèce de mélopée. Et en effet les vers exigent qu'on les récite autrement que la prose. Comme, depuis Racine, il n'y eut presque plus d'harmonie dans les vers raboteux et barbares qu'on mit jusqu'à nos jours sur le théâtre, les comédiens s'habituèrent insensiblement à réciter les vers comme de la prose ; quelques-uns poussèrent ce mauvais goût jusqu'à parler du ton dont on lit la gazette, et peu, jusqu'au

composer une autre pièce; et le sujet d'Athalie, c'est-à-dire la mort de cette reine et la reconnaissance de Joas, lui parut le plus beau de tous ceux qu'il pouvait tirer de l'Écriture sainte. Il y travailla sans perdre de temps; et l'hiver d'après, cette nouvelle pièce se trouva en état d'être représentée. Mais madame de Maintenon reçut de tous côtés tant d'avis et tant de représentations des dévots, qui agissaient en cela de bonne foi, et de la part des poètes jaloux de la gloire de Racine, qui, non contens de faire parler les gens de bien, écrivirent plusieurs lettres anonymes[1], qu'ils empêchèrent *Athalie* d'être représentée sur le théâtre. On disait à madame de Maintenon qu'il était honteux à elle d'exposer sur le théâtre des demoiselles rassemblées

---

sieur Le Kain, ont mêlé le pathétique et le sublime au naturel. Madame de Caylus est la dernière qui ait conservé la déclamation de Racine. Elle récitait admirablement la première scène d'*Esther;* elle disait que madame de Maintenon la lisait aussi d'une manière fort touchante. Au reste, *Esther* n'est pas une tragédie; c'est une histoire de l'Ancien Testament mise en scènes; toute la cour en fit des applications : elles se trouvent détaillées dans une chanson du baron de Breteuil, qui commence ainsi :

> *Racine, cet homme excellent*
> *Dans l'antiquité si savant.*

[1]. Ces manœuvres de la canaille des faux dévots et des mauvais poètes ne sont pas rares; nous en avons vu un exemple dans la tragédie de *Mahomet*, et nous en voyons encore.

de toutes les parties du royaume pour recevoir une éducation chrétienne, et que c'était mal répondre à l'idée que l'établissement de Saint-Cyr avait fait concevoir. J'avais part aussi à ces discours, et on trouvait encore qu'il était fort indécent à elle de me faire voir sur un théâtre à toute la cour.

Le lieu, le sujet des pièces, et la manière dont les spectateurs s'étaient introduits dans Saint-Cyr, devaient justifier madame de Maintenon; et elle aurait pu ne se pas embarrasser de discours qui n'étaient fondés que sur l'envie et la malignité; mais elle pensa différemment, et arrêta ces spectacles dans le temps que tout était prêt pour jouer *Athalie*. Elle fit seulement venir à Versailles, une fois ou deux, les actrices, pour jouer dans sa chambre, devant le Roi, avec leurs habits ordinaires. Cette pièce est si belle que l'action n'en parut pas refroidie. Il me semble même qu'elle produisait alors plus d'effet[1] qu'elle n'en a produit sur le théâtre de Paris, où je crois que M. Racine aurait été fâché de la voir aussi défigurée qu'elle m'a paru l'être par une Josabeth fardée[2], par une Athalie outrée, et par un grand prêtre plus ressemblant aux capucinades du petit père Honoré

---

1. Cela n'est pas vrai : elle fut très dénigrée ; les cabales la firent tomber. Racine était trop grand : on l'écrasa.

2. La Josabeth fardée était la *Duclos* qui chantait trop son rôle. L'Athalie outrée était la *Desmarets*, qui n'avait pas

qu'à la majesté d'un prophète divin. Il faut ajouter encore que les chœurs, qui manquaient aux représentations faites à Paris, ajoutaient une grande beauté à la pièce, et que les spectateurs, mêlés et confondus [1] avec les acteurs, refroidissent infiniment l'action ; mais, malgré ces défauts et ces inconvéniens, elle a été admirée et elle le sera toujours.

On fit après, à l'envi de M. Racine, plusieurs pièces pour Saint-Cyr ; mais elles y sont ensevelies : il n'y a que la seule *Judith*, pièce que M. l'abbé Testu fit faire par Boyer, et à laquelle il travailla lui-même, qui fut jouée sur le théâtre de Paris avec le succès marqué dans l'épigramme de M. Racine :

A sa *Judith*, Boyer, par aventure, etc...

encore acquis la perfection du tragique. Le Joad capucin était *Bobourg*, qui jouait en démoniaque avec une voix aigre.

1. Cette barbarie insupportable, dont madame la marquise de Caylus se plaint avec tant de raison, ne subsiste plus, grâce à la générosité singulière de M. le comte de Lauraguais, qui a donné une somme considérable pour réformer le théâtre : c'est à lui seul qu'on doit la décence et la beauté du costume qui règnent aujourd'hui sur la scène française. Rien ne doit affaiblir les témoignages de la reconnaissance qu'on *lui* doit. Il faut espérer qu'il se trouvera des âmes assez nobles pour imiter son exemple ; on peut faire un fonds moyennant lequel les spectateurs seront assis au parterre, comme on l'est dans le reste de l'Europe.

IV

Mais je laisse Saint-Cyr et le théâtre pour revenir à madame de Montespan, qui demeura encore à la cour quelques années, dévorée d'ambition et de scrupules, et qui força le Roi à lui faire dire, par l'évêque de Meaux, qu'elle ferait bien pour elle et pour lui de se retirer. Elle demeura quelque temps à Clagny, où je la voyais assez souvent avec madame la Duchesse; et, comme elle venait aussi la voir à Versailles pendant le siége de Mons, où les princesses ne suivirent pas le Roi, on disait que madame de Montespan était comme les âmes malheureuses, qui reviennent dans les lieux qu'elles ont habités expier leurs fautes. Effectivement on ne reconnut à cette conduite ni son esprit ni la grandeur d'âme dont j'ai parlé ailleurs; et même, pendant les dernières années qu'elle demeura à la cour, elle n'y était que comme la gouvernante de mademoiselle de Blois.

Il est vrai qu'elle se dépiquoit de ses dégoûts par des traits pleins de sel et des plaisanteries amères.

Je me souviens de l'avoir vue venir chez madame de Maintenon un jour de l'assemblée de pauvres : car madame de Maintenon avait introduit chez elle ces assemblées au commencement de chaque mois, où les dames apportaient leurs aumônes[1], et madame de Montespan comme les autres. Elle arriva un jour avant que cette assemblée commençât ; et, comme elle remarqua dans l'antichambre le curé, les sœurs grises, et tout l'appareil de la dévotion que madame de Maintenon professait, elle lui dit en l'abordant : « Savez-vous, Madame, comme votre antichambre est merveilleusement parée pour votre oraison funèbre ? » Madame de Maintenon, sensible à l'esprit et fort indifférente au sentiment qui faisait parler madame de Montespan, se divertissait de ses bons mots[2], et était la première à raconter ceux qui tombaient sur elle.

Les enfans légitimés du Roi ne perdirent rien à l'absence de madame de Montespan. Je suis même

---

1. Il est très-bien de faire l'aumône ; mais la main gauche de madame de Maintenon savait trop ce que faisait la droite.

2. Ou devait en profiter.

convaincue que madame de Maintenon les a mieux servis qu'elle n'aurait fait elle-même; et je paraîtrai d'autant plus croyable en ce point que j'avouerai franchement qu'il me semble que madame de Maintenon a poussé trop loin son amitié pour eux; non qu'elle n'ait pensé, comme la France, que le Roi, dans les derniers temps, les a voulu trop élever; mais il n'était plus possible alors d'arrêter ses bienfaits, d'autant plus que la vieillesse et les malheurs domestiques du Roi l'avaient rendu plus faible, et madame la duchesse du Maine plus entreprenante. J'expliquerai plus au long ce que je pense sur cette matière, quand je raconterai ce qui s'est passé dans les dernières années de la vie de Louis XIV.

M. de Clermont-Chatte, en ce temps-là officier des gardes, ne déplut pas à madame la princesse de Conti, dont il parut amoureux[1]; mais il la trompa pour cette même mademoiselle Chouin dont j'ai parlé. Son infidélité et sa fausseté furent découvertes par un paquet de lettres que M. de Clermont avait confié à un courrier de madame de Luxembourg pendant une campagne. Ce courrier portant à M. de Barbezieux les lettres du général, il lui demanda s'il n'avait point d'autres lettres pour la cour, à quoi il répondit qu'il n'avait qu'un

---

1. Elle l'a déjà dit.

paquet pour mademoiselle Chouin, qu'il avoit promis de lui remettre à elle-même. M. de Barbezieux
prit le paquet, l'ouvrit, et le porta au Roi¹ ; on vit
dans ces lettres le sacrifice dont je viens de parler ;
et le Roi, en les rendant à madame la princesse de
Conti, augmenta sa douleur et sa honte. Mademoiselle Chouin fut chassée de la cour et se retira
à Paris, où elle entretint toujours les bontés que
Monseigneur avait pour elle. Il la voyait secrètement, d'abord à Choisy, maison de campagne qu'il
avait achetée de Mademoiselle, et ensuite à Meudon. Ces entrevues ont été longtemps secrètes ;
mais à la fin, en y admettant tantôt une personne,
tantôt une autre, elles devinrent publiques, quoique
mademoiselle Chouin fût presque toujours enfermée
dans une chambre quand elle était à Meudon. On
se fit une grande affaire à la cour d'être admis dans
le particulier de Monseigneur et de mademoiselle
Chouin : madame la Dauphine de Bourgogne, belle-
fille de Monseigneur, le regarda comme une faveur ;
et enfin le Roi lui-même et madame de Maintenon
la virent quelque temps avant la mort de Monseigneur. Ils allèrent seuls avec la Dauphine dans
l'entre-sol de Monseigneur, où elle étoit².

---

1. Puisque madame la marquise de Caylus répète, répé-
tons aussi que M. de Barbezieux fit une mauvaise action.

2. On a prétendu que Monseigneur l'avait épousée ;
mais cela n'est pas vrai. Mademoiselle Chouin était une

La liberté de mes souvenirs me fait revenir à M. le comte de Vermandois, fils du Roi et de madame de La Vallière, prince bien fait et de grande espérance. Il mourut de maladie à l'armée, à sa première campagne, et le Roi donna son bien, dont il héritait, à madame la princesse de Conti, sa sœur, et sa charge d'amiral à M. le comte de Toulouse, le dernier des enfans du Roi et de madame de Montespan.

Mademoiselle de Nantes, sa sœur, épousa M. le duc de Bourbon; et, comme elle n'avait que douze ans accomplis, on ne les mit ensemble que quelques années après. Ce mariage se fit à Versailles, dans le grand appartement du Roi, où il y eut une illumination et toute la magnificence dont on sait que le Roi était capable; le grand Condé et son fils n'oublièrent rien pour témoigner leur joie, comme

---

fille de beaucoup d'esprit, quoi qu'en dise madame de Caylus; elle gouvernait Monseigneur, et elle avait su persuader au Roi qu'elle le retenait dans le devoir, dont le duc de Vendôme, le marquis de La Fare, M. de Sainte-Maure, l'abbé de Chaulieu et d'autres, n'auraient pas été fâchés de l'écarter. En même temps elle ménageait beaucoup le parti de M. de Vendôme. Le chevalier de Bouillon lui donnait le nom de Phrosine. Elle se mêla de quelques intrigues pendant la Régence. Je ne sais quel polisson, qui s'est mêlé de faire des Mémoires de madame de Maintenon pour gagner quelque argent, a imaginé, dans son mauvais roman, des contes sur Monseigneur et mademoiselle Chouin, dans lesquels il n'y a pas la moindre ombre de vérité : le monde est plein d'impertinens libelles de cette sorte, écrits par des malheureux qui parlent de tout et n'ont rien vu.

ils n'avaient rien oublié pour faire réussir ce mariage.

Madame la Duchesse eut la petite vérole à Fontainebleau, dans le temps de sa plus grande beauté. Jamais on n'a rien vu de si aimable ni de si brillant qu'elle parut la veille que cette maladie lui prit : il est vrai que ceux qui l'ont vue depuis ont peine à croire qu'elle lui eût rien fait perdre de ses agrémens. Quoi qu'il en soit, elle courut risque de perdre encore plus que la beauté, et sa vie fut dans un grand péril ; le grand Condé, alarmé, partit de Chantilly, avec la goutte, pour se renfermer avec elle, et venir lui rendre tous les soins, non-seulement d'un père tendre, mais d'une garde zélée. Le Roi, au bruit de l'extrémité de madame la Duchesse, voulut l'aller voir ; mais M. le Prince se mit au travers de la porte pour l'empêcher d'entrer, et il se fit là un combat entre l'amour paternel et le zèle d'un courtisan, bien glorieux pour madame la Duchesse. Le Roi fut le plus fort, et passa outre malgré la résistance de M. le Prince.

Madame la Duchesse revint à la vie ; le Roi alla à Versailles, et M. le Prince demeura constamment auprès de sa belle-petite-fille. Le changement de vie, les veilles et la fatigue, dans un corps aussi exténué que le sien, lui causèrent la mort peu de temps après.

M. le prince de Conti profita des dernières années

de la vie de ce héros, heureux dans sa disgrâce d'employer d'une manière aussi avantageuse un temps qu'il aurait perdu à la cour. Mais je ne crois pas déplaire à ceux qui par hasard liront un jour mes *Souvenirs*, de leur raconter ce que je sais de MM! les princes de Conti, et surtout de ce dernier, dont l'esprit, la valeur, les agrémens et les mœurs ont fait dire de lui ce que l'on avait dit de Jules César.

La paix dont jouissait la France ennuyait ces princes; ils demandèrent au Roi la permission d'aller en Hongrie : le Roi, bien loin d'être choqué de cette proposition, leur en ·sut gré, et consentit d'abord à leur départ; mais, à leur exemple, toute la jeunesse vint demander la même grâce, et insensiblement tout ce qu'il y avait de meilleur en France, et par la naissance et par le courage, aurait abandonné le royaume pour aller servir un prince, son ennemi naturel, si M. de Louvois n'en avait fait voir les conséquences, et si le Roi n'avait pas révoqué la permission qu'il avait donnée légèrement. Cependant MM. les princes de Conti ne cédèrent qu'en apparence à ces derniers ordres : ils partirent secrètement avec le prince de Turenne et M. le prince Eugène de Savoie[1]. Plusieurs autres

---

1. Madame de Caylus se trompe : le prince Eugène de Savoie était déjà passé au service de l'Empereur, et avait un régiment.

devaient les suivre à mesure qu'ils trouveraient les
moyens de s'échapper ; mais leur dessein fut décou-
vert par un page de ces princes qu'ils avaient envoyé à Paris, et qui s'en retournait chargé de
lettres de leurs amis. M. de Louvois en fut averti,
et on arrêta le page comme il était sur le point de
sortir du royaume. On prit ces lettres, et M. de
Louvois les apporta au Roi, parmi lesquelles il eut
la douleur d'en trouver de madame la princesse de
Conti, sa fille, remplies des traits les plus satiriques
contre lui et contre madame de Maintenon [1]. Celles
de MM. de La Rochefoucauld et de quelques autres
étaient dans le même goût ; mais il y en avait qui se
contentaient de quelques traits d'impiété et de liber-
tinage : telle étoit la lettre du marquis d'Alincourt,
depuis duc de Villeroi ; sur quoi le vieux maréchal
de Villeroi, son grand-père, qui vivait encore, dit :
« Au moins mon petit-fils n'a parlé que de Dieu, il
pardonne ; mais les hommes ne pardonnent point. »
Le Roi exila toute cette jeunesse.

Madame la princesse de Conti en fut quitte
pour la peur et la honte de paraître tous les jours
devant son père et son Roi justement irrité, et
d'avoir recours à une femme qu'elle avait outragée
pour obtenir son pardon. Madame de Maintenon

---

1. Si c'est par légèreté, pardonnons ; si par folie, com-
patissons ; si par injure, oublions. (*Cod.*, livre IX, titre VII.)

lui parla avec beaucoup de force, non pas sur ce qui la regardait, car elle ne croyait pas, avec raison, que ce fût elle à qui l'on eût manqué; mais, en disant des vérités dures à madame la princesse de Conti, elle n'oubliait rien pour adoucir le Roi; et, comme il était naturellement bon et qu'il aimait tendrement sa fille, il lui pardonna. Cependant son cœur était véritablement blessé; il faut avouer que sa tendresse pour elle n'a jamais été la même depuis, d'autant plus qu'il trouvait journellement bien des choses à rédire dans sa conduite.

Les princes de Conti revinrent après la défaite des Turcs; l'aîné mourut peu de temps après, comme je l'ai dit, de la petite vérole, et l'autre fut exilé à Chantilly. Pour madame la princesse de Conti, elle ne perdit à sa petite vérole qu'un mari qu'elle ne regretta pas; d'ailleurs, veuve à dix-huit ans, princesse du sang et aussi riche que belle, elle eut de quoi se consoler. On a dit qu'elle avait beaucoup plu à monsieur son beau-frère; et, comme il était lui-même fort aimable, il est vraisemblable qu'il lui plut aussi [1].

---

1. Il lui plut très-fort. M. le Duc lui envoya un jour un sonnet, dans lequel il comparait madame la princesse de Conti, sa belle-sœur, à Vénus Le prince de Conti répliqua par ces vers aussi malins que charmans :

Adressez mieux votre sonnet :
De la déesse de Cythère

Le grand Condé demanda, en mourant, au Roi le retour à la cour de M. le prince de Conti, qu'il obtint ; et ce prince épousa peu de temps après mademoiselle de Bourbon, mariage que ce prince avait beaucoup désiré. M. le prince de Conti, qui, comme je l'ai déjà dit, avait été élevé avec Monseigneur, fut parfaitement bien avec lui ; et il y a beaucoup d'apparence que, s'il avait été le maître, ce prince aurait eu part au gouvernement.

Je me mariai en 1686. On fit M. de Caylus menin de Monseigneur ; et, comme j'étais extrêmement jeune, puisque je n'avais pas encore tout à fait treize ans, madame de Maintenon ne voulut pas que je fusse encore établie à la cour. Je vins donc demeurer à Paris chez ma belle-mère, mais on me donna, en 1687, un appartement à Versailles, et madame de Maintenon pria madame de Montchevreuil, son amie, de veiller sur ma conduite.

Votre épouse est ici le plus digne portrait,
Et si semblable en tout que le dieu de la guerre,
La voyant dans vos bras, entrerait en courroux.
Mais ce n'est pas la première aventure
Où d'un Condé Mars eût été jaloux.
Adieu, grand prince, heureux époux !
Vos vers semblent faits par Voiture
Pour la Vénus que vous avez chez vous.

Le Voiture de M. le Duc était le duc de Nevers.
La malignité de la réponse consiste dans ces mots : *Si semblable en tout*. C'était comparer le mari à Vulcain.

Je m'attachai, malgré les remontrances de madame de Maintenon, à madame la Duchesse. Elle eut beau me dire qu'il ne fallait rendre à ces gens-là que des respects, et ne s'y jamais attacher, que les fautes que madame la Duchesse ferait retomberaient sur moi, et que les choses raisonnables qu'on trouverait dans sa conduite ne seraient attribuées qu'à elle : je ne crus pas madame de Maintenon; mon goût l'emporta; je me livrai tout entière à madame la Duchesse, et je m'en trouvai mal [1].

La guerre recommença, en 1688, par le siège de Philipsbourg, et le roi d'Angleterre fut chassé de son trône l'hiver d'après. La reine d'Angleterre se sauva la première, avec le prince de Galles son fils. La fortune singulière de Lauzun fit qu'il se trouva précisément en Angleterre dans ce temps-là. On lui sait gré ici d'avoir contribué à une fuite à laquelle le prince d'Orange n'aurait eu garde de s'opposer. Le Roi, cependant, l'en récompensa comme d'un grand service rendu aux deux couronnes. A la prière du roi et de la reine d'Angleterre, il le fit duc et lui permit de revenir à la cour, où il n'avait paru qu'une fois après sa

---

1. Sa liaison avec le duc de Villeroi éclata; mais cet amant était un homme plein de vertu, bienfaisant, modeste, et le meilleur choix que madame de Caylus pût faire.

prison [1]. M. le Prince, en le voyant, dit que c'était une bombe qui tombait sur tous les courtisans [2].

Si le prince d'Orange n'avait pas été fâché de voir partir d'Angleterre la reine et le prince de Galles, il fut encore plus soulagé d'être défait de son beau-père.

Le Roi les vint recevoir avec toute la politesse d'un seigneur particulier qui sait bien vivre; et il a eu la même conduite avec eux jusqu'au dernier moment de sa vie.

M. de Montchevreuil était gouverneur de Saint-Germain; et, comme je quittais peu madame de Montchevreuil, je voyais avec elle cette cour de près : il ne faut donc pas s'étonner si, ayant vu croître le prince de Galles, naître la princesse sa sœur, et reçu beaucoup d'honnêtetés du roi et de la reine d'Angleterre, je suis demeurée jacobite, malgré les changemens qui sont arrivés en ce pays-ci par rapport à cette cause.

La reine d'Angleterre s'était fait haïr, disait-on, par sa hauteur autant que par la religion qu'elle professait en Italienne; c'est-à-dire qu'elle y ajoutait une infinité de petites pratiques jésuitiques partout, et, bien plus en Angleterre qu'ailleurs,

---

1. Trop dure, trop longue, trop injuste.
2. La bombe n'éclata sur personne.

mal placées. Cette princesse avait pourtant de
l'esprit et de bonnes qualités, qui lui attirèrent
une estime et un attachement de la part de madame de Maintenon, qui n'ont fini qu'avec leurs
vies[1].

Il est vrai que madame de Maintenon souffrait
impatiemment le peu de secret qu'ils gardaient
dans leurs affaires : car on n'a jamais fait de projet
pour leur rétablissement qui n'ait été aussitôt su
en Angleterre qu'imaginé à Versailles; mais ce
n'était pas la faute de ces malheureuses Majestés :
elles étaient environnées à Saint-Germain de gens
qui les trahissaient, jusqu'à une femme de la
Reine, et pour laquelle elle avait une bonté particulière, qui prenait dans ses poches les lettres que
le Roi ou madame de Maintenon lui écrivaient,
les copiait pendant que la Reine dormait, et les
envoyait en Angleterre. Cette femme s'appelait
madame Strickland, mère d'un petit abbé Strickland qui, dans ces derniers temps, digne héritier
de madame sa mère, a prétendu au cardinalat par
son manège.

Je ne parlerai point de la guerre, ni des différens succès qu'elle eut, plus ou moins heureux

---

1. Ce fut madame de Maintenon qui engagea Louis XIV,
malgré tout le Conseil, à reconnaître le Prétendant pour
roi d'Angleterre.

pour la France, et toujours glorieux pour les armes du Roi; ces choses se trouvent écrites partout : une femme, et surtout de l'âge dont j'étais, tourne ses plus grandes attentions sur des bagatelles.

Le Roi alla lui-même faire le siège de Mons, en 1691. Les princesses demeurèrent à Versailles, et madame de Maintenon à Saint-Cyr; dans une si grande solitude qu'elle ne voulait pas même que j'y allasse. Je demeurai à Versailles avec les princesses; et, comme il n'y avait point d'hommes, nous y étions dans une grande liberté. Madame la princesse de Conti et madame la Duchesse avaient chacune leurs amies différentes; et, comme elles ne s'aimaient pas, leurs cours étaient fort séparées. C'est là que madame la Duchesse fit voir cette humeur heureuse et aimable, par laquelle elle contribuait elle-même à son amusement et à celui des autres. Elle imagina de faire un roman et de transporter les caractères et les mœurs du temps présent sous les noms de la cour d'Auguste. Celui de Julie avait par lui-même assez de rapport avec madame la princesse de Conti, à ne la prendre que suivant les idées qu'Ovide en donne, et non pas dans la débauche rapportée par les historiens; mais il est aisé de comprendre que ce canevas n'était pas mal choisi, et avec assez de malignité. Nous ne laissions pas d'y avoir toutes nos épisodes, mais en beau, au moins pour celles qui étaient de la cour de madame la Duchesse. Cet ouvrage ne fut qu'ébauché, et nous amusa, et c'était tout ce que nous en voulions.

Pendant une autre campagne, les dames suivirent le Roi en partie; c'est-à-dire madame la duchesse d'Orléans, madame la princesse de Conti et madame de Maintenon. Madame la Duchesse ne suivit pas, parce qu'elle était grosse : elle demeura à Versailles; et, quoique je le fusse aussi, ce qui m'empêcha de suivre madame de Maintenon, on ne me permit pas de demeurer avec elle. Madame de Maintenon m'envoya avec madame de Montchevreuil à Saint-Germain, où je m'ennuyai comme on peut le croire. Il arriva qu'un jour, étant allée rendre une visite à madame la Duchesse, je lui parlai de mon ennui, et lui fis sans doute des portraits vifs de madame de Montchevreuil et de sa dévotion qui lui firent assez d'impression pour en écrire à madame de Bouzoles [1] d'une manière qui me rendit auprès du Roi beaucoup de mauvais offices. Le Roi fut curieux de voir sur quoi leur commerce pouvait rouler; et malheureusement cet article qui me regardait tomba ainsi entre ses mains. On regarda ces plaisanteries, qui m'avaient paru innocentes, comme très-criminelles; on y

---

1. Sœur de M. de Torcy, amie intime de madame la Duchesse, et femme de beaucoup d'esprit. E.

trouva de l'impiété, et elles disposèrent les esprits à recevoir les impressions désavantageuses qui me firent enfin quitter la cour pour quelque temps. Ainsi madame de Maintenon avait eu raison de m'avertir qu'il n'y avait rien de bon à gagner avec ces gens-là.

Ces choses-là se passèrent pendant le siège de Namur; et les dames qui suivirent le Roi s'arrêtèrent à Dinant. Ce fut aussi dans cette même année que se donna le combat de Steinkerque, où je perdis un de mes frères à la tête du régiment de la Reine-Dragons. Le Roi revint à Versailles après la prise de Namur.

Les hivers ne se ressentaient point de la guerre. La cour était aussi nombreuse que jamais, magnifique, et occupée de ses plaisirs, tandis que madame de Maintenon bornait les siens à Saint-Cyr et à perfectionner cet ouvrage.

Le Roi fit le mariage [1] de M. le duc d'Orléans avec mademoiselle de Blois. Feu Monsieur y donna les mains, non-seulement sans peine, mais avec joie. Madame tint quelques discours mal à propos, puisqu'elle savait bien qu'ils étaient inutiles. Il est vrai qu'il serait à désirer pour la gloire du Roi,

---

1. Tout ce qu'on dit sur ce mariage dans les *Mémoires de madame de Maintenon* n'est qu'un tissu de sots mensonges.

comme je l'ai déjà dit, qu'il n'eût pas fait prendre une telle alliance à son propre neveu, et à un prince aussi près de la couronne ; mais les autres mariages avaient servi de degré à celui-ci.

Je me souviens qu'on disait déjà que M. le duc d'Orléans était amoureux de madame la Duchesse ; j'en dis un mot en badinant à mademoiselle de Blois, et elle me répondit d'une façon qui me surprit, avec son ton de lendore : « Je ne me soucie pas qu'il m'aime : je me soucie qu'il m'épouse. » Elle a eu ce contentement.

Feu Monsieur avait eu envie de préférer madame la princesse de Conti, fille du Roi, veuve depuis plusieurs années, à mademoiselle de Blois ; et je crois que le Roi y aurait consenti, si elle l'avait voulu ; mais elle dit à Monsieur qu'elle préférait la liberté à tout. Cependant elle fut très-fâchée de voir sa cadette de tant d'années passer si loin devant elle. Mais je dois dire à la louange de madame la Duchesse qu'elle ne fut pas sensible à ce petit désagrément, qui la touchait de plus près ; et je lui ai entendu dire que, puisqu'il fallait que quelqu'un eût un rang au-dessus d'elle, elle aimait mieux que ce fût sa sœur qu'une autre. Elle était d'autant plus louable d'avoir ces sentimens qu'elle n'avait qu'une médiocre tendresse pour sa sœur. Il est vrai qu'elles se réchauffèrent quelques années après, et que leur union parut intime ; mais les communes favorites, par la suite des temps, les brouillèrent d'une manière irréconciliable; et j'aurai occasion plus d'une fois de parler de cette brouillerie, à laquelle il faut attribuer beaucoup de nos malheurs.

Il faudrait, pour faire le portrait de M. le duc d'Orléans, un, singulier pinceau. De tout ce que nous avons vu en lui et de tout ce qu'il a voulu paraître, il n'y avait de réel que l'esprit, dont en effet il avait beaucoup, c'est-à-dire une conception aisée, une grande pénétration, beaucoup de discernement, de la mémoire et de l'éloquence; mais malheureusement un caractère dangereux. On lui avait fait accroire que la vertu n'est qu'un nom vain, et que, le monde étant partagé entre des sots et des gens d'esprit, la vertu et la morale étaient le partage des sots, et que les gens d'esprit affectaient seulement, par rapport à leurs vues, d'en paraître avoir selon qu'il leur convenait. Ce prince avait été parfaitement bien élevé; et comme, dans sa jeunesse, les qualités de son esprit couvraient les défauts qu'il pouvait avoir, on avait conçu de grandes espérances de lui. Je me souviens que madame de Maintenon, instruite par ceux qui prenaient soin de son éducation, se réjouissait de ce qu'on verrait paraître dans la personne du duc de Chartres (car c'est ainsi qu'il s'est appelé jusqu'à la mort de Monsieur) un prince

plein de mérite, et capable par son exemple de
faire goûter à la cour la vertu et l'esprit. Mais, à
peine M. le duc de Chartres fut-il marié et maître
de lui qu'on le vit adopter des goûts qu'il n'avait
pas : il courtisa toutes les femmes, et la liberté
qu'il se donna dans ses actions et dans ses propos souleva bientôt les dévots, qui fondaient sur
lui de grandes espérances [1].

M. le duc du Maine se maria dans le même
temps, et épousa, comme je l'ai dit, une fille de
M. le Prince. L'aînée avait épousé M. le prince
de Conti, cadet de celui qui mourut de la petite
vérole, et madame la duchesse du Maine n'était
pas l'aînée de celle qui restait à marier; cependant
on la préféra à sa sœur, sur ce qu'elle avait peut-
être une ligne de plus : peut-on marquer plus sen-
siblement, et même plus bassement, qu'on se sent
honoré d'une alliance? Mademoiselle de Condé,
aînée de madame du Maine, ressentit vivement cet
affront, et en a conservé le souvenir jusqu'à la fin
de ses jours. J'avoue qu'on lui avait fait tort, et
que, si elle était un tant soit peu plus petite, elle
était beaucoup moins mal faite [2], d'un esprit plus
doux et plus raisonnable. Quoi qu'il en soit de

---

1. Les dévots n'ont jamais eu rien à espérer de lui que
des ridicules.
2. Elle épousa depuis M. le duc de Vendôme, qui ne
fut pas d'humeur de lui faire des enfans.

l'une et de l'autre, madame la Duchesse, portée à
se moquer, appelait ses belles-sœurs les *poupées du
sang*; et, quand le mariage fut déclaré, elle redoubla ses plaisanteries avec monsieur son frère,
M. le Duc, d'une façon qui les a, par la suite,
brouillés très-sérieusement. C'est encore une des
causes d'une dissension dans la famille royale, dont
les effets ont été funestes.

A peine madame du Maine fut-elle mariée
qu'elle se moqua de tout ce que M. le Prince
lui put dire, dédaigna de suivre les exemples de
madame la Princesse, et les conseils de madame
de Maintenon : ainsi, s'étant rendue bientôt incor-
rigible, on la laissa en liberté de faire tout ce
qu'elle voulut. La contrainte qu'il fallait avoir à
la cour l'ennuya : elle alla à Sceaux jouer la comédie ¹, et faire tout ce qu'on a entendu dire des
Nuits blanches ² et tout le reste. M. le Duc son

---

1. Elle l'aimait beaucoup et la jouait fort mal. On la
vit sur le même théâtre avec Baron : c'était un singulier
contraste ; mais sa cour était charmante; on s'y divertissait
autant qu'on s'ennuyait alors à Versailles ; elle animait tous
les plaisirs par son esprit, par son imagination, par ses fan-
taisies; on ne pouvait pas ruiner son mari plus gaiement.

2. Ces nuits blanches étaient des fêtes que lui donnaient
tous ceux qui avaient l'honneur de vivre avec elle. On faisait une loterie des vingt-quatre lettres de l'alphabet; celui
qui tirait C donnait une comédie, l'O exigeait un petit opéra,
le B un ballet. Cela n'est pas aussi ridicule que le prétend
madame de Caylus, qui était un peu brouillée avec elle.

fière, pendant un temps, prit un très-grand goût
pour elle ; les vers et les pièces d'éloquence volèrent entre eux, les chansons contre eux volèrent
aussi. L'abbé de Chaulieu et M. de La Fare, Ma-
lézieux et l'abbé Genest, secondaient le goût que
M. le Duc avait pour la poésie : enfin le frère et
la sœur se brouillèrent, au grand contentement,
je crois, de madame la Duchesse.

M. le Duc avait de grandes qualités, de l'esprit, de la valeur au suprême degré ; il aimait le
Roi et l'État. Bien loin d'avoir cet intérêt qu'on
a quelquefois reproché aux Condés, il était juste
et désintéressé, et il en donna des marques après
la mort de M. le Prince son père, quand il fut en
possession du gouvernement de Bourgogne. M. le
Prince exigeait de cette province une somme
d'argent considérable, indépendante des droits de
son gouvernement ; et M. le Duc son fils, en
prenant sa place, la remit généreusement à la
province. Ce prince ne laissait pas d'avoir des défauts : il était brutal, et, quant à son esprit, les
meilleures choses qu'il avait pensées devenaient
ennuyeuses à force de les lui entendre redire. Il
aimait la bonne compagnie ; mais il n'y arrivait
pas toujours à propos. On ne peut pas, en apparence, être moins fait pour l'amour qu'il l'était ;
cependant il se donnait à tout moment comme
un homme à bonnes fortunes. Il aimait madame

sa femme plus qu'aucune de celles dont il voulait qu'on le crût bien traité, et cependant il affectait beaucoup d'indifférence pour elle : il en était excessivement jaloux, et ne voulait pas le paraître. Quoi qu'il en soit, l'État et madame la Duchesse ont fait une perte irréparable à sa mort. Ses défauts n'étaient aperçus que de ceux qui avaient l'honneur de le voir familièrement; et ses bonnes qualités auraient été d'une grande ressource à la France, à la mort de Louis XIV, dont il était plus estimé qu'aimé, parce qu'en effet il était plus estimable qu'aimable.

M. le prince de Conti était le contraire. Quoiqu'il eût de grandes qualités, bien de la valeur et beaucoup d'esprit, cependant on peut dire qu'il était plus aimable qu'estimable. Il n'avait jamais que l'esprit qui convenait avec ceux avec qui il était; tout le monde se croyait à sa portée; jamais, je ne dis pas un prince, mais aucun homme n'a eu au même degré que lui le talent de plaire; d'ailleurs il était faible pour la cour autant qu'avec madame sa femme. On dit qu'il était intéressé : je n'en sais rien; je sais seulement que l'état de sa fortune ne lui permettait pas de paraître fort généreux. Sa figure n'avait rien de régulier; il était grand sans être bien fait, maladroit avec de la grâce; un visage agréable : ce qui formait un tout plein d'agrémens et de charmes, à quoi l'es-

prit et le caractère contribuaient. M. le Duc ne
l'aimait pas naturellement, ni surnaturellement,
par l'amour qu'il eut pour madame la Duchesse ;
cependant il le copiait et voulait souvent qu'on
crût qu'il avait imaginé les mêmes choses que lui.

M. le prince de Conti, jusqu'à la passion qu'il
eut pour madame la Duchesse, n'avait pas paru
capable d'en avoir de bien sérieuses. Il avait eu
plusieurs affaires galantes, et avait fait voir plus
de coquetterie que d'amour ; mais il en eut un
violent pour madame la Duchesse. Peut-être que
le rapport des agrémens qu'on trouvait en eux,
et la crainte des personnes intéressées, ont contribué à faire naître cette passion : il est certain
du moins que les soupçons de M. le Prince, les
précautions de madame la Princesse, et l'inquié-
tude de M. le Duc l'ont prévenue. Il y avait longtemps que madame la Duchesse était mariée, et
que sa beauté faisait du bruit dans le monde, sans
que M. le prince de Conti parût y faire attention.
Quelques personnes même s'y étaient attachées
particulièrement ; mais aucuns ne lui ont plu, si
on excepte le comte de Mailly, dont je ne répon-
drais pas, quoique je n'aie rien vu, en passant ma
vie avec elle, qui pût autoriser les bruits qui ont
couru. Je l'ai bien vu amoureux ; j'en ai parlé
quelquefois en badinant à madame la Duchesse,
qui me répondait sur le même ton. Madame de

Maintenon en a souvent parlé, et en ma présence, à M. de Mailly; mais il se tirait des réprimandes qu'elle lui faisait par des plaisanteries, qui réussissaient presque toujours avec madame de Maintenon quand elles étaient faites avec esprit. Lassé pourtant des discours qu'on tenait, et craignant enfin qu'ils ne revinssent au Roi, il fit semblant d'être amoureux d'une autre femme. Ce prétexte réussit assez pour alarmer la famille de cette femme; et, comme c'étoient des gens bien à la cour, ils vinrent prier madame de Maintenon d'empêcher le comte de Mailly de continuer les airs qu'il se donnait à l'égard de leur fille : c'étoit ce que voulait le comte de Mailly, et il ne manqua pas de dire à madame de Maintenon que, si elle le grondait sur cette femme, il fallait au moins qu'elle fût en repos sur l'autre. Quoi qu'il en soit, le prétexte et la réalité prirent fin.

M. le prince de Conti ouvrit les yeux sur les charmes de madame la Duchesse, à force de s'entendre dire de ne la pas regarder : il l'aima passionnément, et si, de son côté, elle a aimé quelque chose, c'est assurément lui, quoi qu'il soit arrivé depuis.

On prétend, et ce n'est pas, je crois, sans raison, que ce prince, qui n'avait été jusque-là sensible qu'à la gloire ou à son plaisir, le fut assez aux charmes de madame la Duchesse pour lui sacrifier une couronne.

On sait qu'il fut appelé par un parti en Pologne, et on prétend qu'il aurait été unanimement déclaré roi s'il l'avait bien voulu, et si son amour pour madame la Duchesse n'avait pas ralenti son ambition. Je crois pourtant que beaucoup d'autres choses ont contribué au mauvais succès de son voyage en Pologne; mais, comme on croyait ici, dans le temps qu'il partit, l'affaire certaine, et qu'il était persuadé de ne jamais revenir en France, les adieux furent aussi tendres et aussi tristes entre madame la Duchesse et lui qu'on peut se l'imaginer.

Ils avaient un confident contre lequel la jalousie et la véhémence de M. le Duc ne pouvaient rien : ce confident était M. le Dauphin, et je crois qu'ils n'en ont jamais eu d'autre. Cette affaire a été menée avec une sagesse et une conduite si admirables qu'ils n'ont jamais pu donner aucune prise sur eux; si bien que madame la Princesse fut réduite à convenir avec madame sa belle-fille qu'elle n'avait d'autres raisons de soupçonner cette galanterie que parce que M. le prince de Conti et elle paraissaient faits l'un pour l'autre.

M. le prince de Conti ne goûta pas longtemps le dédommagement qu'il trouvait dans sa passion au défaut d'une couronne. Son tempérament faible le fit, presque aussitôt après son retour, tomber dans une langueur qui termina enfin sa vie trois ou

quatre ans après, infiniment regretté de toute la
France, de Monseigneur, et de sa maîtresse.

Elle eut besoin de la force qu'elle a naturellement sur elle-même pour cacher à M. le Duc sa
douleur. Elle y réussit d'autant plus, je crois, qu'il
était si soulagé de n'avoir plus un tel rival ni un
tel concurrent, qu'il ne se soucia d'examiner ni le
passé ni le fond du cœur.

Madame la Duchesse vécut comme un ange avec
lui ; elle fit même que l'éloignement de Monseigneur pour la personne de M. le Duc diminua. Il
paraissait s'accoutumer à lui ; et il y aurait été fort
bien par la suite, si une mort prompte ne l'avait
enlevé dans le temps qu'il était, comme je l'ai déjà
dit, le plus nécessaire à la France, et à sa maison,
et à madame sa femme. Elle en parut infiniment
affligée, et je crois que c'était de bonne foi : elle
n'avait que de l'ambition dans la tête et dans le cœur
depuis la mort de M. le prince de Conti ; et M. le
Duc avait toutes les qualités propres à lui faire
concevoir de grandes espérances de ce côté-là. Il
était impossible, de quelque côté que la famille
royale pût se tourner, que M. le Duc n'eût pas
joué un grand rôle ; madame la Duchesse gouver-
nant alors Monseigneur, et M. le Duc ayant, de
son côté, tout le courage et toute la capacité nécessaires pour commander les armées, et même
pour gouverner l'État.

La faveur de madame la Duchesse auprès de Monseigneur redoubla après cette mort. Il était continuellement chez elle, et l'envie que M. le duc de Berri avait de lui plaire faisait aussi qu'il s'y trouvait souvent avec lui, et, comme madame la Duchesse mit dans le monde, dans ce même temps, les princesses ses filles, et qu'elles, par conséquent, se trouvèrent souvent avec Monseigneur et M. le duc de Berri, on jugea que madame la Duchesse avait dessein de faire le mariage de mademoiselle de Bourbon avec M. le duc de Berri, ou du moins on se servit de cette raison pour presser celui de mademoiselle d'Orléans avec ce prince.

Il faut avouer que madame de Maintenon entra dans cette crainte, et que son amitié pour madame la duchesse de Bourgogne lui fit appréhender le grand crédit de madame la Duchesse. Elle ne put imaginer sans une peine extrême que madame la duchesse de Bourgogne se verrait un jour abandonnée, et que toute la cour serait aux pieds de madame la Duchesse pour plaire à Monseigneur. Elle voyait dans madame la Duchesse une conformité de caractère, de vues et d'humeur entre elle et madame de Montespan, qui la détermina entièrement pour le côté d'Orléans ; mais je me souviens que je n'ai pas encore dit un mot de madame la duchesse de Bourgogne.

On sait que cette princesse n'avait que dix à onze ans quand elle vint en France. Sa grande jeunesse, et les prières de madame la duchesse de Savoie sa mère firent que madame de Maintenon en prit un soin particulier; ou, pour mieux dire, l'intérêt du Roi et celui de toute la France l'engagèrent encore plus à donner tous ses soins pour achever l'éducation que madame la duchesse de Savoie avait si bien commencée : car il faut dire la vérité, et je l'ai souvent entendu dire à madame de Maintenon, qu'on ne peut avoir été mieux élevée que l'avait été cette princesse. « Nous n'aurions fait, disait-elle, que la gâter ici, si les bonnes qualités qui sont en elle y avaient été moins fortement imprimées. » Madame de Maintenon se mit donc en possession de la princesse de Savoie dès qu'elle arriva ici; et elle, soit par esprit ou par sentiment, déféra entièrement à ses avis. Elle fut, jusqu'à son mariage, et quelque temps encore après, fort séparée des princesses et du reste de la cour. Madame de Maintenon la formait sous les yeux du Roi : elle l'environna autant qu'il lui fut possible de personnes de mérite; elle lui donna pour dame d'honneur madame la duchesse du Lude; pour dame d'atours, madame la comtesse de Mailly; et les dames du palais étaient choisies entre ce qu'il y avait de meilleur, ou du moins regardé comme tel par madame de Maintenon.

» La duchesse du Lude avait de la dignité dans
l'extérieur, et une déférence à l'égard de madame
de Maintenon qui lui tenait lieu d'esprit. On
n'avait voulu dans cette place qu'une représentation; c'est aussi tout ce qu'elle avait; elle ne faisait
rien sans en rendre compte. Les princesses, qui
voyaient qu'on éloignait madame la duchesse de
Bourgogne de leur commerce, n'en surent pas
bon gré à madame de Maintenon; et surtout madame la Duchesse, qui dans le fond ne l'aimait
pas, moins par rapport à madame de Montespan
que parce qu'elle avait voulu autrefois lui donner
des avis, et qu'elle l'avait souvent blâmée dans sa
conduite; mais, dans le fond, c'était plus pour la
rendre telle qu'il convenait au Roi que pour tout
autre motif. Mais, comme on ne se rend pas justice, elle l'accusait d'une chose dont pourtant
madame de Maintenon l'avait bien avertie, et
qu'il n'avait tenu qu'à elle de prévenir. Il est vrai
qu'ayant pensé, peut-être assez mal à propos, que son
exemple et ses discours pouvaient être dangereux,
et gâter en un instant tout ce qu'elle aurait fait
avec beaucoup de peines et de temps auprès de
madame la duchesse de Bourgogne, madame de
Maintenon fit en sorte qu'elle ne vît guère madame
la Duchesse, et qu'elle ne lui parlât jamais en particulier. Elle ne craignait pas de même madame la
duchesse d'Orléans, dont l'esprit est moins porté

à la raillerie, et qui s'était plus ménagée avec madame de Maintenon. D'ailleurs madame la Dauphine et madame de Maintenon étaient entourées
de femmes attachées à madame la duchesse d'Orléans, qui la faisaient valoir et qui relevaient avec
malignité tout ce que faisait et disait madame la
Duchesse, et lui attribuaient souvent des choses à
quoi elle n'avait pas même pensé.

J'ai ouï dire à madame la Duchesse, dans le
temps de la déclaration du mariage de M. le duc
de Berri, qu'elle n'avait jamais parlé à Monseigneur
de lui faire épouser mademoiselle de Bourbon, et
véritablement Monseigneur était peu propre à recevoir de pareilles propositions et à entrer dans un
projet qu'il n'aurait pas confié au Roi. Madame la
Duchesse, qui le connaissait, se serait bien gardée
de lui laisser seulement croire qu'elle en eût la
pensée. Peut-être imaginait-elle que, le Roi étant
vieux, il pourrait arriver que, M. le duc de Berri
n'étant pas marié, il lui serait alors facile de déterminer le choix de Monseigneur en faveur d'une de
ses filles ; mais, à coup sûr, elle ne lui aurait jamais
en attendant confié cette pensée. A dire la vérité,
quoique la fille de M. le duc d'Orléans dût passer
devant une fille d'une branche cadette, il n'était pas
naturel et convenable, après ce qui s'était passé en
Espagne, de la marier à un prince aussi près de la
couronne et frère du roi d'Espagne.

Il eût été à désirer, ou que le Roi n'eût point marié M. le duc de Berri, ce qui ne pressait pas, ou qu'il eût fait un autre choix. Il ne lui fallait ni une fille de madame la Duchesse, ni une fille de madame la duchesse d'Orléans, par la bâtardise des mères; mais il fallait encore moins prendre la fille d'un homme qu'on avait accusé, sans doute à tort, d'avoir eu des intelligences avec les ennemis de la couronne d'Espagne, dans le temps qu'il y commandait les armées pour conserver cette couronne à Philippe V. Je laisse même à part tout ce qui s'est dit alors. Mais enfin la destinée de la France fit qu'il pensa autrement. Ce roi si sage consentit à ce mariage; Monseigneur y donna les mains par cette déférence qu'il eut toujours aux volontés du Roi, et de si bonne grâce qu'il ne parut pas même en être fâché. Madame la Dauphine en fut ravie : elle regardait ce mariage comme son ouvrage, et elle croyait qu'il assurerait le repos et l'agrément de sa vie après la mort du Roi; mais à peine fut-il conclu qu'elle eut lieu de s'en repentir.

Madame la duchesse de Berri ne se contraignit plus, et il est bien plus étonnant qu'avec son caractère et son tempérament elle eût pu prendre autant sur elle qu'elle y prit pendant les deux années qui précédèrent son mariage, qu'il ne l'est, qu'étant parvenue à ce qu'elle désirait, elle dédaignât de se

contraindre après. Elle se montra donc, le lendemain de ses noces, telle qu'elle était. Mais il faut
avouer qu'elle avait été élevée d'une manière propre
à autoriser ses libertés; elle avait été quelquefois
en tiers avec madame d'Argenton et son père, qui
s'amusait à peindre. Il l'avait peinte un jour sans
beaucoup de draperie, ce qui fut trop envenimé.
Malgré cette éducation, elle sut si bien se contraindre deux ans avant son mariage, qu'on ne
parlait à madame la Dauphine et à madame de
Maintenon que de sa retenue, et madame la duchesse d'Orléans, qui désirait ardemment ce mariage, et qui vit bien qu'il ne réussirait pas tant
que cette princesse demeurerait à Paris ou à Saint-
Cloud, entre les mains de son père, la fit venir à
Versailles, sous ses yeux. Là, cette jeune princesse,
qui comprit que sa fortune dépendait de sa conduite, en eut une si bonne qu'on ne s'apercevait
pas de ses inclinations, et même, quelque temps
avant que de venir à Versailles, dès l'âge de douze
ans, elle pensa qu'elle avait trop de disposition à
engraisser, et que, si elle continuait sa manière de
vivre, ce pourrait être un obstacle aux vues qu'on
avait pour elle : ce qui lui fit prendre la résolution
de ne guère manger, de peu dormir, et de faire
beaucoup d'exercice, quoiqu'elle fût naturellement
gourmande et paresseuse. On ne peut disconvenir
qu'une fille à cet âge, capable d'une pareille résolu-

tion par le seul motif d'ambition, et sans qu'elle y
fût portée par l'autorité des gens qui en avaient
sur elle, devait être un jour bien dangereuse.
Mais, quand elle fut une fois mariée, elle crut que
rien ne valait la peine de se contraindre. Je ne
parlerai point comment elle manifesta ses autres
inclinations; il suffit de dire qu'elle ne tarda pas à
les faire connaître. Je passerai de là à l'histoire des
pendans d'oreilles, qui firent tant de bruit.

Madame la duchesse d'Orléans avait des pendans d'oreilles très beaux, que feu Monsieur avait
eus de la reine mère; M. le duc d'Orléans les lui
prit pour les donner à madame la duchesse de
Berri. La manière et la chose devaient lui être dé-
sagréables ; mais elle eut tort, les connaissant tous
deux, d'en faire tant de bruit. Elle se plaignit, elle
pleura, elle en parla au Roi, qui gronda madame
la duchesse de Berri. Madame la Dauphine entra,
pour son malheur, dans cette querelle, et prit parti
pour madame la duchesse d'Orléans.

Depuis ce moment, madame la duchesse de
Bourgogne et madame la duchesse de Berri ne furent plus ensemble de la même manière : car il faut
avouer que, dans les commencemens du mariage,
la première ne regardait pas l'autre comme sa
belle-sœur, mais comme sa propre fille. Elle lui
donnait des conseils et elle l'avait voulu former,
comme elle-même l'avait été, d'une manière pro-

pre à plaire au Roi : sentimens et dispositions bien
rares, non seulement dans une princesse, mais
dans une femme ordinaire.

Madame la Dauphine ne l'était pas; et, si cette
princesse avait des défauts et des faibles, elle avait
aussi de grandes qualités, et il faut avouer que son
commerce était charmant. Le public a de la peine
à concevoir que les princes agissent simplement et
naturellement, parce qu'il ne les voit pas d'assez
près pour en bien juger, et parce que le merveilleux
qu'il cherche toujours ne se trouve pas dans une
conduite simple et dans des sentimens réglés. On a
donc mieux aimé croire que madame la Dauphine ressemblait à monsieur son père, et qu'elle était, dès
l'âge de onze ans, aussi fine et aussi politique que
lui, affectant pour le Roi et madame de Maintenon
une tendresse qu'elle n'avait pas. Pour moi, qui ai
eu l'honneur de la voir de plus près, j'en juge autrement; et je l'ai vue pleurer de si bonne foi sur
le grand âge de ces deux personnes, qu'elle croyait
avec raison devoir mourir devant elle, que je ne
puis douter de sa tendresse pour le Roi[1].

Mais madame la Dauphine était jeune, elle
était femme, et naturellement coquette; ce qui

---

1. L'édition de 1770 se termine ici par des points de
suspension. Bien que nous ayons suivi cette édition, nous
avons cru devoir y ajouter ce qui a été publié depuis.
(*Note de l'éditeur.*)

suffit pour faire comprendre qu'il y avait journellement dans sa conduite beaucoup de petites choses
qu'elle aurait voulu cacher; ce n'est pas là être
fausse. Je ne dois pas même céler, pour sa justifi-
cation, qu'il y a bien de ces petites fautes où elle
s'est laissé entraîner par les autres, et que le plus
grand défaut que je lui aie connu était d'être trop
facile, et de laisser prendre trop d'empire aux
jeunes personnes qui l'approchaient; ce qui l'a
jetée dans quelques inconvéniens qui ont pu faire
quelque tort à sa réputation.

On a parlé de deux hommes pour lesquels on a
prétendu qu'elle avait eu du goût : le premier
était un fou [1], et elle était un enfant quand il alla
en Espagne, où il fut aussi l'amoureux de la reine
d'Espagne [2], sœur de madame la duchesse de
Bourgogne.

Je ne l'ai pas connu parce que je n'étais pas à la
cour dans ce temps-là ; mais j'en sais assez pour dire
que les passions étaient en lui des folies, et par les
excès où elles le portaient, et par les moyens qu'il

---

1. On voit bien que c'est de M. de Maulevrier que
je veux parler, et la manière dont il s'est tué justifie assez
ce que j'en ai dit : il se jeta par une fenêtre. (*Note de
madame de Caylus.*)

2. La reine d'Espagne lui avait écrit quelquefois. Chaque
mot de la lettre était enfermé dans une boule de hoca ; le
paquet était adressé à l'abbé de Caumartin, depuis évêque
de Blois. (*Note attribuée à madame de Caylus.*)

employait. Cependant, comme il avait de l'esprit, il a ébloui pendant un temps les gens les plus sages. Madame de Maintenon n'a pas même été exempte d'avoir quelque bonne opinion de lui; ce qui a paru par des audiences particulières qu'elle a bien voulu lui donner quelquefois. Madame de Maulevrier, fille du maréchal de Tessé, qui fut bien avec madame la Dauphine jusqu'à la mort de son mari, s'est brouillée avec cette princesse pour n'avoir pas voulu, à ce qu'on dit, lui rendre ses lettres; mais, dans la vérité, pour avoir, je crois, répandu ce bruit-là sans fondement. Quoi qu'il en soit, il est certain qu'elle a toujours été mal avec elle depuis, quoiqu'elle fût fille du premier écuyer de cette princesse et d'un homme dont le Roi s'était servi pour travailler à son mariage.

Nangis est le second pour lequel madame la Dauphine a eu du goût. Je ne parlerai pas de celui-là comme j'ai parlé de l'autre, et j'avouerai que je le crois comme le public : la seule chose dont je doute, c'est que cette affaire soit allée aussi loin qu'on le croit, et je suis persuadée que cette intrigue s'est passée en regards et en quelques lettres tout au plus. Je me le persuade par deux raisons : l'une, que madame la Dauphine était trop gardée, et l'autre, que Nangis était trop amoureux d'une autre femme qui l'observait de près, et qui m'a dit à moi-même que, dans le temps qu'on soupçonnait qu'il pouvait être avec madame la Dauphine, elle était bien assurée du contraire, puisqu'il était avec elle.

Imp. Jouaust et Sigaux.

www.ingramcontent.com/pod-product-compliance
Lightning Source LLC
Chambersburg PA
CBHW052051090426
42739CB00010B/2130